Regine Heue

MIT DEM DEUTSCHLAND-TICKET UNTERWEGS

Genial & günstig –
die Top Reiseziele entdecken

BRUCKMANN

Von der Hackerbrücke in München kann man die ein- und ausfahrenden Züge bei Sonnenuntergang beobachten.

Inhalt

Süden & Westen

AB STUTTGART

AB MÜNCHEN

AB FRANKFURT

AB KÖLN

Mit dem Regiozug geht's hinaus ins Grüne!

REGIO
REGIO

Vorwort

Natürlich wird viel gemeckert über Reisen mit der Bahn, aber sie können auch eine Menge Spaß machen. Das ist nicht nur in Luxuszügen der Fall, sondern auch auf Strecken, die einfach sehenswürdig sind. Denn jenseits der ICE-Trassen bietet die Bahn viele nicht alltägliche Eisenbahnstrecken, die uns entspannt durch unberührte und malerische Landschaften fahren. Und ich erreiche mein Ziel mit der Bahn meistens ruhiger und habe den Kopf schon voller toller, neuer Eindrücke.

Nicht alle der nachfolgend beschriebenen Strecken sind besonders spektakulär, aber alle sind einzigartig: Denn man bekommt schon auf dem Weg zum Ziel viel zu sehen. Und wie man sich lange Fahrten organisiert, liegt immer an einem selbst. So bietet die Bahn eigentlich für alle Herausforderungen eine Lösung oder entsprechende Unterstützung.

Ich fahre bereits eine geraume Zeit meines Lebens mit den öffentlichen Verkehrsmitteln. Meiner Meinung nach ist Bahnfahren Einstellungssache. Es erfordert eine gewisse Flexibilität – im Kopf und beim Zeitmanagement. Aber das ist beim Autofahren eigentlich auch nicht anders, denn man fährt auch nicht am Karfreitag mit dem Auto in den Urlaub, außer man möchte im Stau stehen.

In Deutschland leben wir in einem Land, das unendlich viele wunderbare Reiseziele bietet. Meine Auswahl der vorgestellten Reisen mit der Bahn, basierend auf dem Winterfahrplan 2022/23, ist nach sehr persönlichen Vorlieben entstanden. Es ist natürlich nur ein kleiner Ausschnitt an Vorschlägen, die es für Deutschland gibt.

In diesem Sinne hoffe ich, dass Sie sich inspirieren lassen und noch weitere wunderbare Reiseziele mit dem Deutschland-Ticket für sich entdecken.

Herzlichst,
Regine Heue

← In Deutschland gibt es viel zu entdecken: kurze und lange Reiseziele per Bahn

Endstation Sehnsucht. Von Hamburg, Hannover, Berlin und Leipzig aus kann man auf vielen Regionalstrecken, mit und ohne Umsteigen, zu nahen oder weit entfernten Orten reisen.

Bahnhöfe Norden & Osten

Reisen ab Hamburg, Hannover, Berlin und Leipzig

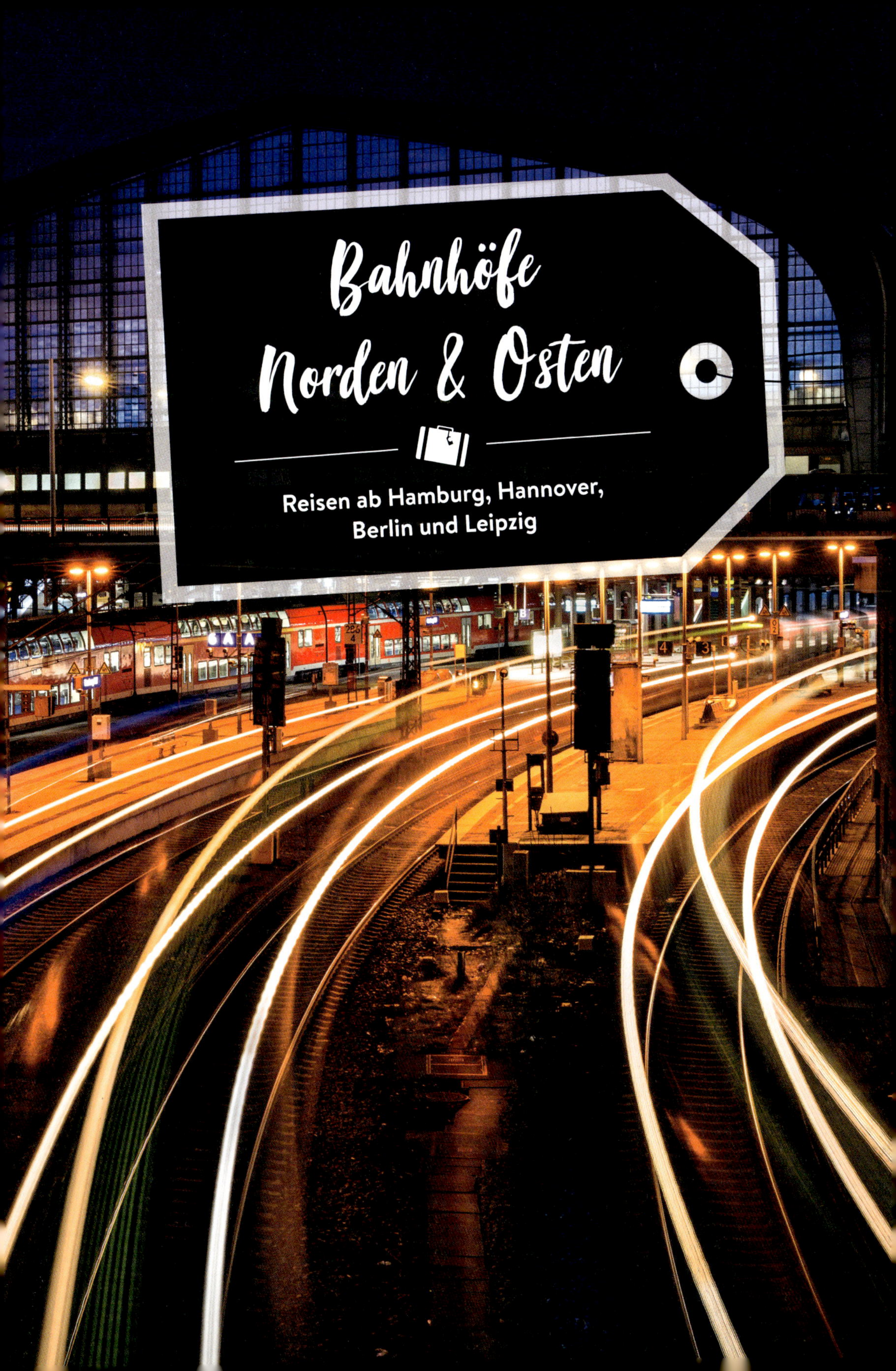

AB HAMBURG

BIS CUXHAVEN

1 Nordseeheilbad Cuxhaven

Urbanes Flair, Strände und Natur

Cuxhaven ist ein idealer Ausgangspunkt für eine Wattwanderung, bietet aber noch viel mehr.

Etwa zehn Gehminuten vom Bahnhof entfernt liegt das Schloss Ritzebüttel. Bei einer Führung können wir uns auch das Innere des Backsteingotik-Baus anschauen, der bis zum 14. Jahrhundert als Dienstsitz der Hamburger Senatoren diente. Der Schlosspark mit seinem Teich und Schweizerhaus lädt uns zum Verweilen ein. Davor findet übrigens während der Adventszeit ein bezaubernder Weihnachtsmarkt statt. Gleich gegenüber dem Schlosspark besichtigen wir das Joachim-Ringelnatz-Museum, das in einem historischen Fachwerkhaus in der Südersteinstraße untergebracht ist. Die Ausstellung beschäftigt sich mit dem Leben und Schaffen des bekannten und von den Nationalsozialisten als »entartet« eingestuften Schriftstellers und Malers.

Auf den Spuren der Auswanderer

Nördlich des Schlossparks stoßen wir auf die Nordersteinstraße, eine der ältesten Straßen von Cuxhaven. Heute ist sie eine der Hauptmeilen der Cuxhavener Fußgängerzone und wir finden zahlreiche Geschäfte und Cafés. Vorbei am Wasserturm führt uns unser Weg in Richtung Hafen zu den Hapag-Hallen. In dem Backsteingebäude mit dem Uhrenturm besuchen wir eine interessante Ausstellung, die sich mit den Geschichten der Auswanderer Ende des 19. Jahrhunderts auseinandersetzt.

← Eines der markantesten Wahrzeichen des historischen Cuxhaven ist die 30 Meter hohe Kugelbake.

Lohnenswert im Hafenbereich ist ein Besuch des Wrack- und Fischereimuseums »Windstärke 10«. Dort finden wir eine moderne Ausstellung rund um die Fischerei in der Region, Schiffsunglücke und Seenotrettung, anschaulich dargestellt mittels Videos und Exponaten.

Alte Liebe und Seemannslieder

Zwischen dem Fischereihafen und der »Alte Liebe« bestaunen wir die schicken Segelboote, bevor wir uns bei Seemannsliedern auf der seit 1982 genutzten Aussichtsplattform unseren Reiseträumen hingeben. Denn auf der ehemaligen Schiffsanlegestelle, die 1733 auf drei versunkenen Schiffen erbaut wurde, können wir die vorbeifahrenden Containerschiffe, Passagierschiffe und Schlepper beobachten. Nur wenige Meter von der »Alte Liebe« entfernt besichtigen wir den Hamburger Leuchtturm, der allerdings seit 2001 außer Betrieb ist, und das Semaphor, eine Anlage zur Übermittlung von Wetterinformationen an die vorbeifahrenden Schiffe. Radarturm und das Museums- und Feuerschiff »Elbe 1« dürfen auch nicht fehlen, ehe wir in das Lotsenviertel gelangen. Hier bewundern wir die vielen Altbauten und Lotsenhäuser und besu-

Tipp

MS FLIPPER

Ab Cuxhaven »Alte Liebe« bietet die Reederei Cassen Eils während der Saison eine Schiffsverbindung zur Insel Neuwerk an. Mit der MS Flipper erreicht man das Eiland in 2 Stunden.

chen die Herz-Jesu- und St.-Petri-Kirche. Für Pinguinfreunde ist das Pinguinmuseum ein absolutes Muss.
Bei einem wunderbar ausschweifenden Spaziergang geht's weiter zur Kugelbake, dem wichtigsten Wahrzeichen der Stadt. Es steht am Ende der Binnen-Elbe und markiert damit gleichzeitig den Beginn der Nordsee. Eigentlich war sie eine Marinefestung und diente zur Verteidigung. Bei einer Führung bestaunen wir die Schießschartenmauer, Betonbunker, Gefechtsgang, Munitionslager und das Geschütz für die Fliegerabwehr.
Übrigens gilt das Gebiet nach wie vor als schwer befahrbarer Bereich, sodass Schifffahrtsbegeisterte hier genau richtig sind. Außerdem können wir kilometerlang am

> Zu Hause in Cuxhaven – das ist und bleibt einzigartig.
>
> **Unbekannt**

Strand oder parallel dazu auf dem Deich in Richtung Westen spazieren. Hier schließen sich die Stadtteile Duhnen und Sahlenburg an – beide per Bus auf einer Linie erreichbar. In Duhnen können wir uns einer Wattwanderung anschließen oder per Pferdekutsche nach Neuwerk gelangen – das sollten wir uns auf keinen Fall entgehen lassen. Über einen gepflasterten Weg gelangen wir dort zu einem weiteren Highlight: der Duhner Heide. Sahlenburg begeistert mit seinen Stränden – ideal für Kitesurfer – und dem Kletterpark. In dem modernen Wattenmeer-Besucherzentrum zwischen der Duhner Heide und Sahlenburg können wir uns zudem kostenlos über das Watt mit seiner besonderen Lebenswelt informieren.

Dicke Berta

Eine charmante Sehenswürdigkeit in Altenbruch und vielen vom Namen her ein Begriff ist der Leuchtturm »Dicke Berta«. Er wurde 1897 errichtet und liegt am Altenbrucher Kanal, der wiederum nur wenige Meter später in die Elbe

↗ Der Bahnhof von Cuxhaven ist das Portal zur Stadt.
← Die »Alte Liebe« gehört zu den beliebtesten Sehenswürdigkeiten in Cuxhaven.

mündet. Interessant ist nicht nur der Turm, sondern auch die bezaubernde Landschaft rundherum und der tolle Elbeblick. Durch ihre Lage abseits der Touristenbereiche finden wir hier ein ruhiges Plätzchen, um beim Sonnenuntergang den ereignisreichen Tag ausklingen zu lassen – erreichbar auch per Bus über den Bahnhof Cuxhaven.

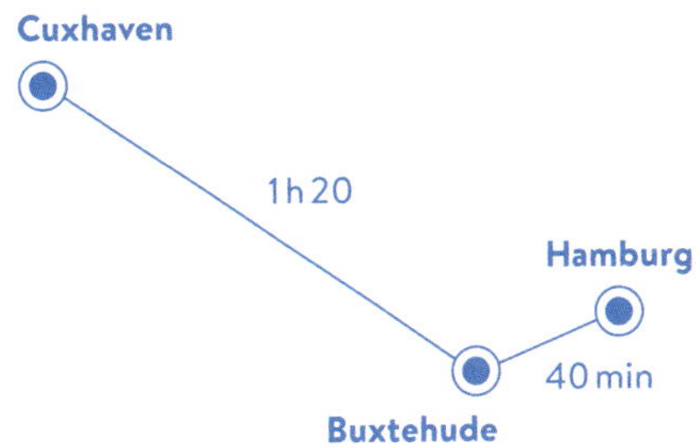

Info

Geeignet als Tagestour oder Wochenendtrip.

ANREISE

Von Hamburg in knapp 2 Std. nach Cuxhaven, mit einem Umstieg in Buxtehude.

WATTWANDERUNG

Wattwege von Cuxhaven nach Neuwerk sind je nach Jahreszeit unterschiedlich zu begehen.

KULINARISCHE ALTERNATIVE

Neben den Sehenswürdigkeiten Kugelbake sowie den Strandbädern Duhnen und Sahlenburg lockt das Fischrestaurant »Alt-Döse«. Das Lokal ist per Bus oder in 20 Gehminuten von der Kugelbake erreichbar. Von dort mit der Buslinie 1018 zurück zum Bahnhof.

UMGEBUNG

Nach Helgoland kommt man ganzjährig in 1,5 Std. mit der Fähre. Busse in Cuxhaven fahren fast überall zum Fährhafen. Die Kosten für die Fähre belaufen sich auf ca. 30 Euro.

AB HAMBURG

BIS FLENSBURG

2 Sehenswertes Flensburg

Maritimes Flair und gemütliche Ursprünglichkeit

Wir erkunden die 700-jährige Geschichte der Stadt und haben vielleicht sogar die Möglichkeit, die Schweinswale auf ihrer Kinderstube zu besuchen.

Die Entwicklung Flensburgs ist wegen der Lage an der Förde eng mit der Seefahrt verbunden. So besaß man im 18. Jahrhundert einen der bedeutendsten Handelshäfen für die Schiffe der Dänischen Westindien-Kompanie. Diese brachten Rohrzucker und Roh-Rum von den Karibikinseln, der zu Zucker und trinkbarem Rum verarbeitet wurde. Leider ist die Tradition des Destillierens heute fast schon Geschichte, aber wir besuchen in der Stadt das einzige Rum-Museum Deutschlands und lassen uns zu den 20 Stationen der »Rum- und Zuckermeile« quer durch die Altstadt führen. Sie sind mit Hinweisschildern versehen und im kostenlosen Faltblatt sind die Bedeutung und Geschichte des Rums für Flensburg nachzulesen. Denn Zucker und Rum bildeten die Rohstoffe einer neuen Genusskultur.

Die korrekte Antwort auf »Moin Moin« heißt: Moin!

Unbekannt

Kunst und Kultur

Wer sich für Kunst interessiert, der sollte sich einen Besuch auf dem Museumsberg in der Altstadt nicht entgehen lassen. Das städtisches Museum mit seinen zwei Häusern ist eines der größten in Schles-

→ Die Flensburger Förde ist ein geschütztes Seerevier. Der Hafen gehört zu den größten Marinas in der Region.

wig-Holstein und bietet einen Einblick in die Kunst- und Kulturgeschichte des ehemaligen Herzogtums Schleswig sowie schleswig-holsteinische Kunst. Schwerpunkt der Ausstellung ist die Sammlung des Flensburger Möbelfabrikanten und Museumsdirektors Heinrich Sauermann, die über 900 Möbeltücke umfasst. Im zweiten historischen Gebäude bewundern wir die Hauptwerke des Künstlers Hans Christiansen, die Kunst des Expressionismus mit Werken von Erich Heckel, Ernst Barlach und Emil Nolde sowie zeitgenössische Kunst des Nordens. Wem eher nach Trubel ist, der besucht die »Rote Straße«, eine lebendige Shopping- und Ausgehstraße im südlichen Teil der Flensburger Altstadt. Sie hat ihren eher moderneren Teil im Süden mit großen Neubauten. Der nördliche Teil versprüht hingegen einen gemütlichen Altstadtcharakter. Neben Kunstgalerien finden wir lauschige Plätze in den Restaurants und Weinstuben oder Handgemachtes in einem der Design- und Kunsthandwerkerläden.

Tipp

DAS NORDERTOR

Das Wahrzeichen Flensburgs stellte früher das Stadttor auf der Nordseite dar. Direkt angrenzend liegt das Wissenschafts- und Technikmuseum PHÄNOMENTA. Bei 170 interaktiven Experimenten können Untersuchungen direkt getestet und ausprobiert werden.

Hafenflair von historisch bis ökologisch

Der Hafen grenzt direkt an die Altstadt und ist immer noch ein wichtiger und zentraler Ort. Von hier haben wir einen schönen Blick auf die Stadt, können mit Ausflugsschiffen zu Fahrten auf der Förde oder nach Dänemark starten oder bei einem Spaziergang die maritime Atmosphäre genießen. Oder wir starten eine Whalewatching-Tour!
Tatsächlich ist die Ostsee ein wichtiger Lebensraum der Schweinswale. Vor allem in der Flensburger Förde werden die Meeressäuger oft gesichtet. Die Schweinswale sind dabei nicht nur zufällige Gäste, sondern hier zu Hause. Sie sind die einzigen heimischen Wale der Ostsee und leider

← Zwei Rundwege führen durch romantische Gassen, vorbei an faszinierenden Altbaufassaden.

den meisten Menschen kaum bekannt. Seit 2014 kann man in den Sommermonaten mit dem Naturschutzbund (NABU) und dem Flensburger-Fähr-Betrieb an Fahrten durch die Flensburger Förde teilnehmen und dabei viele interessante Informationen über die »kleinen Tümmler« erhalten. NABU möchte so auf die Bedrohung der Schweinwale aufmerksam machen, aber auch grundsätzlich für den Schutz der Schweinswale in der Ostsee sensibilisieren. Leider gehören die Tiere mit ca. 500 Schweinswalen schon zur Liste der vom Aussterben bedrohten Arten und zu den in Europa am stärksten gefährdeten Kleinwal-Populationen. Sehenswert ist auch der Historische Hafen mit seinen klassischen Segeljachten und alten Kuttern. Eine Besonderheit ist der restaurierte Salondampfer »Alexandra«. Direkt am Museumshafen finden wir zudem in einem ehemaligen Zollspeicher ein Schifffahrtsmuseum.

Blumenvase mit Betonbögen

Eine unbekanntere Sehenswürdigkeit finden wir in Mürwik: den Wasserturm. Er steht im Volkspark (erreichbar per Bus Richtung Glücksburg oder Ziegeleistraße) und ist einer von zwei modernen Wassertürmen in Schleswig-Holstein. In der Form der Baumkronen stützen 18 Betonbögen den Speicher, der bis zu 1,5 Millionen Liter Wasser fasst. Die knapp 100.000 Einwohner Flensburgs nennen den Wasserturm liebevoll »Blumenvase«. Zwischen Mai bis Ende September können wir nicht nur sein beeindruckendes Innenleben besichtigen, sondern auf der Aussichtsplattform den wunderschönen Blick über die Fördestadt bis nach Dänemark genießen.

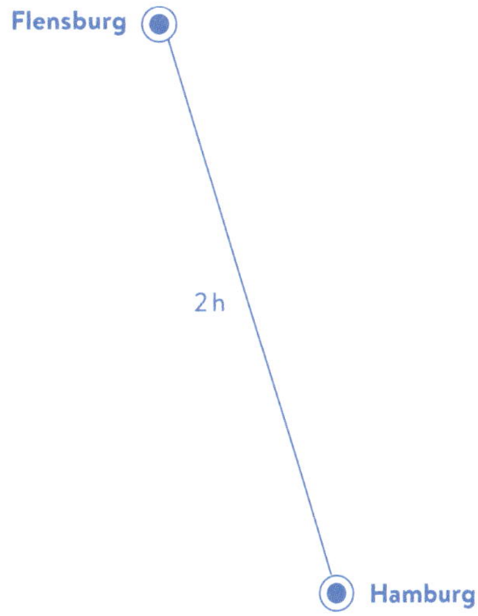

Geeignet als Tages- und Wochenendtour.

ANFAHRT

Ab Hamburg Bahnhof direkt nach Flensburg, Fahrtzeit ca. 2 Std.

UMGEBUNG

Mit der Bahn erreicht man in rd. 1 Std. Friedrichsstadt. Die Miniaturversion von Amsterdam verzaubert mit Brücken, Grachten und Treppengiebelhäusern.
Ebenfalls in etwas über 2 Std. erreicht man St. Peter-Ording. Der prachtvolle weiße Sandstrand von 12 km Länge und teilweise bis zu 2 km Breite macht den kleinen Ort zur größten Sandkiste Deutschlands und ist dank idealer Windverhältnisse auch der Treffpunkt für Kitesurfer, Strandsegler und Kite-Buggy-Fahrer.

3 Traumhafte Lüneburger Heide

Das Herz des Naturparks

Mit der Kutsche oder zu Fuß erleben wir unvergessliche Landschaften und entdecken das unvergleichliche Schauspiel des Naturwunders Lüneburger Heide.

Es ist wie ein Traum in Pink, wenn sich die blühenden Heidepflanzen wie ein bunt schimmernder Teppich über die Landschaft legen. Von Anfang August bis Mitte September blüht die Sommerheide besonders schön. Aber auch außerhalb der Blütezeit können wir mit einem Ausflug, einem Wochenende oder einem kompletten Urlaub in die Lüneburger Heide nichts falsch machen. Denn die Natur ist hier das ganze Jahr einzigartig und wir finden viel Ruhe und Entspannung. Wahrscheinlich begegnen uns auch einige Heidschnucken-Herden, die dafür sorgen, dass die Heide kurz bleibt und nicht überwuchert. Das wiederum trägt zur Erhaltung des nährstoffarmen Bodens bei.

Die Heide beginnt südlich von Hamburg und erstreckt sich bis nach Gifhorn im Osten von Niedersachsen. Mit ihren ausgedehnten Wald-, Wiesen- und Heideflächen ist sie ein wichtiger Lebensraum für viele Tiere und Pflanzen. Sie ist aber keine große zusammenhängende Fläche, sondern besteht aus vielen kleineren Heidegebieten, die über einen großen Bereich verteilt sind. So gibt es den Naturpark Lüneburger Heide im Norden und den Naturpark Südheide. Die meisten Heideflächen gibt es im Nordpark zwischen Schneverdingen und Egestorf.

Tipp

KOSTENLOSER BUS

Mit den vier Buslinien des Heide-Shuttles kann man von Mitte Juli bis Mitte Oktober die einzigartige Natur der Heide erkunden. Ganz bequem und ohne körperliche Anstrengung geht's auch bei einer Kutschfahrt.

← Der Wilseder Berg gilt auch als das Herz der Lüneburger Heide.

Mit der Kutsche unterwegs

Der kleine Ort Wilsede liegt romantisch mitten im Naturpark Lüneburger Heide. Mit seinen reetgedeckten Bauernhöfen, den hohen Eichen und den historischen Kopfsteinpflasterstraßen bekommen wir einen Eindruck, wie ruhig das Landleben noch vor 150 Jahren war. Hier kommen wir sofort so richtig gut zur Ruhe, denn in dem kleinen Heidedörfchen ticken die Uhren anders. Katzen, Hunde und Kinder flitzen bedenkenlos über die alten Höfe, denn Autos sind hier ein Tabu. Aber zu Fuß, mit dem Rad oder per Pferdekutsche können wir das idyllische Naturschutzgebiet sowieso viel besser genießen. Natürlich entscheiden wir uns für die Kutschfahrt. Denn wenn wir gemächlich mit der Pferdekutsche durch die Heideflächen fahren und die vielen interessanten Geschichten des Kutschers hören, ist unser Alltag schnell vergessen. Wir beginnen unsere schöne Kutschfahrt am Parkplatz in Niederhaverbeck. Von hier aus fahren wir über den Stadtberg und durch den Staatsforst direkt nach Wilsede. Mit seinen alten geschichtsträchtigen Bauwerken gleicht der historische Ort einem lebendigen Museumsdorf. Er ist aber tatsächlich bis heute normal bewohnt. Deswegen möchten wir hier auch um Rücksicht bitten, denn Wilsede ist ein lebendiges Dorf! Viele Häuser werden privat bewohnt und sind deshalb nicht zu besichtigen.

Die Naturverhunzung arbeitet >en gros< – der Naturschutz >en detail<.

Hermann Löns

Wilseder Berg

Außerdem besuchen wir das Heimatmuseum Dat Ole Huus. Das 1742 erbaute Bauernhaus gibt uns einen Einblick in das Leben und die Arbeit der Menschen im 19. Jahrhundert. Es ist darüber hinaus das älteste Freilichtmuseum in der Lüneburger Heide. Auf dem alten »De Emhoff« von 1609 informiert der Verein Naturschutzpark über die spezifische Flora und Fauna der Heide sowie über die Arbeit des Vereins zur Erhaltung dieser einzigartigen Kulturlandschaft. Ebenfalls lohnenswert ist der Wilseder Berg. Ein 1,5 Kilometer langer Sandweg schlängelt sich auf die höchste Erhebung und das hohe Herz des Naturparks der Lüneburger Heide. Von 169,2 Metern Höhe haben wir einen herrlichen Ausblick in die weite Heidelandschaft. Hier wächst neben der Besenheide auch der Wacholder, dessen aromatische Beeren zum Würzen und zum Schnapsbrennen verwendet werden. Das Gebiet steht übrigens bereits seit 1921 unter Naturschutz.

Panoramablick über den Totengrund

Wer Zeit hat, kann eine wunderschöne Wandertour über 21 Kilometer machen und startet am besten in Döhle. Von dort geht es durch Wälder und Heideflächen, durch den berühmten Totengrund und

↗ Die heutige Heidelandschaft ist über Tausende von Jahren entstanden.
← Das idyllische Heidedorf Wilsede inmitten des Naturschutzgebietes.

das Heidetal zum Wilseder Berg und anschließend über Wilsede zurück zum Ausgangspunkt. Übrigens nahm im Totengrund der Naturschutz 1906 seinen Anfang.

Pastor-Bode-Weg

Eine der schönsten Wanderungen, die wir in der Gegend machen können, ist der »Pastor-Bode-Weg«. Er führt von Egestorf nach Wilsede. Der Weg ist dem Pastor Wilhelm Bode gewidmet, der sich Anfang des 20. Jahrhunderts für den Schutz der Landschaft einsetzte und eine geplante Bebauung und Aufforstung der Heidefläche in Wilsede verhindern konnte. Die Tour ist etwa sieben Kilometer lang und verläuft durch die typische ruhige Heidelandschaft.

Info

Geeignet als Tages-, Wochenendtrip und Urlaub.

ANREISE

Ab Hamburg in 2 Std. mit zwei Umstiegen nach Niederhaverbeck. Alternativ stündlich per Metronom nach Winsen/Luhe, Bienenbüttel, Bad Bevensen, Suderburg, Eschede, Celle, Lüneburg und Uelzen. Alternativ ab Hamburg nach Buchholz, dort in die Heidebahn umsteigen. Die Heidebahn hält u. a. in Handeloh, Schneverdingen und Fallingbostel.

UMGEBUNG

Ab Bad Bevensen erreicht man in 15 Min. Lüneburg. Geprägt von den historischen Giebeln und romantischer Backsteingotik, ist die Hansestadt ein echter Hingucker! Ihre Mischung aus romantischem Städtchen und bunter Studentenszene macht sie zum Juwel im Norden.

AB HAMBURG

BIS WISMAR, ROSTOCK UND BINZ

4 Wismar – Rostock – Binz

Schönheit, Vielseitig- und Ursprünglichkeit

Mit ihrem wunderschönen historischen Zentrum ist Wismar eine echte Perle. Rostock zeigt sich als Hanse-, Universitäts- sowie Hafenstadt vielseitig und eingebettet im Biosphärenreservat verzaubert das malerische Ostseebad Binz.

Unsere erste Station Wismar mit ihrer UNESCO-Welterbe-Altstadt erkunden wir bei einem Rundgang. Interessanterweise war die Stadt bis 1648 Teil Südschwedens und dieser schwedische Einfluss zeigt sich heute noch an vielen Ecken.

Sehenswürdigkeiten, so weit das Auge reicht

Die »Grube« mit dem Mühlenbach verläuft zwischen zwei Straßen, die wiederum von Altbauten aus der Gründerzeit flankiert sind. Vom Bahnhof kommend, entdecken wir den Bach an der Alten Stadtmühle. Die Grube führt direkt auf eine der wichtigsten Sehenswürdigkeiten zu: die Nikolaikirche. Ein Blick ins Innere lohnt sich. Leider ist der Turm nicht zugänglich. Weiter geht's in die Krämerstraße, Teil der Wismarer Fußgängerzone, die uns direkt Richtung Marktplatz führt. Er ist einer der größten in Norddeutschland und umgeben von architektonischen Meisterstücken aus allen Jahrhunderten. Zu diesen gehört auch die Wasserkunst. Ein elegant verzierter Brunnen, der bis 1897 zur Trinkwasserversorgung der Bevölkerung diente und mit Wasser aus dem Mühlenteich gespeist wurde. Er ist ein Bauwerk nach Plänen des Baumeisters Philipp Brandin und funktionierte nach dem Prinzip des Laufbrunnens. Im Inneren können wir uns eine Ausstellung mit alten Stadtmodellen und archäologischen Fundstücken anschauen.

↑ Ein Ausflug zu den Kreidefelsen darf bei einem Besuch auf Rügen nicht fehlen.

Kuriosität

Eines der ältesten Gebäude der Stadt ist wiederum der »Alte Schwede«, der mit seiner roten Backsteinfassade sofort ins Auge fällt. Eine kleine Kuriosität am Marktplatz ist das Schild »Tittentasterstraße« beim Hotel Stadt Hamburg. Es handelt sich jedoch nicht um einen offiziellen Straßennamen, sondern bezieht sich auf den früher hier befindlichen schmalen Durchgang. Den Spitznamen bekam er wegen des zwangsläufigen Körperkontakts beim Durchqueren.
Im nahegelegenen gotischen Viertel besichtigen wir die Überreste der St. Marienkirche mit dem Archidiakonat, die Kirche St. Georgen, das Welt-Erbe-Haus mit seinem einzigartigen Tapetensaal, die Heiligen-Geist-Kirche mit dem tollen Innenhof und Brunnen sowie das Wassertor, das letzte erhaltene Exemplar der ehemals fünf Stadttore. Übrigens ist das Highlight der St. Georgenkirche die Aus-

Tipp

RUNDWANDERUNG

Der eiszeitliche Schmachter See auf dem Gebiet der Gemeinde Zirkow nahe Binz lässt sich auf einer 13 km langen Wanderung das ganze Jahr über in 3 Std. umrunden. Der Weg führt uns um ein von Wäldern eingefasstes Schmelzwasserbecken, an dem sich zahlreiche Vogel- und Pflanzenarten tummeln.

sichtsplattform in 36 Metern Höhe. Ein gläserner Aufzug katapultiert uns in Sekundenschnelle nach oben.

Alter Hafen

Am Alten Hafen bewundern wir die zahlreichen Schiffe und besuchen die Poeler Kogge »Wissemara«, ein Museumsschiff, das einer hanseatischen Kogge aus dem 14. Jahrhundert nachempfunden wurde, und das historische Gebäude »Baumhaus«, mit seinen zwei Schwedenköpfen (bunt bemalten Herkulesbüsten). Übrigens starten am Alten Hafen zahlreiche Schiffe zu der vorgelagerten Insel Poel sowie zu verschiedenen Hafenrundfahrten.
Wer noch einen Abstecher ans Wasser machen möchte, der besucht den Strand von Wismar im Ortsteil Wendorf. Ansonsten können wir vom Alten Hafen aus in kurzer Zeit zurück zum Hauptbahnhof schlendern und uns auf unseren Weg nach Rostock machen, unserer zweiten Station.

Spaziergang durch Rostock

Wir starten unsere Erkundungstour durch Rostock am Neuen Markt. Er bildet das Herzstück der Innenstadt. Besonders schön sind die hübschen Fassaden der Giebelhäuser im typischen Hansestil. Außerdem finden wir hier das schmucke rosafarbene Rathaus, das älteste in Ziegelgotik errichtete Rathaus Deutschlands.
Weiter geht's durch die Kröpeliner Straße in Richtung Universitätsplatz. Sie ist die Haupteinkaufsmeile mit tollen Häuserfassaden. Das Highlight am Universitätsplatz ist der Brunnen der Lebensfreude, auch »Pornobrunnen« genannt. Ein paar Meter weiter sehen wir die Bronzefigur vom »Spielmannopa«. Sein richtiger Name lautete Michael Tryanowski, er war als Stadtmusikant in ganz Rostock bekannt. Das Hausbaumhaus aus dem Jahre 1490 in der Wokrenterstraße 40 sollten wir nicht verpassen. Das spätgotische Giebelhaus gehört zu den ältesten Kaufmannshäusern der Hansestadt.

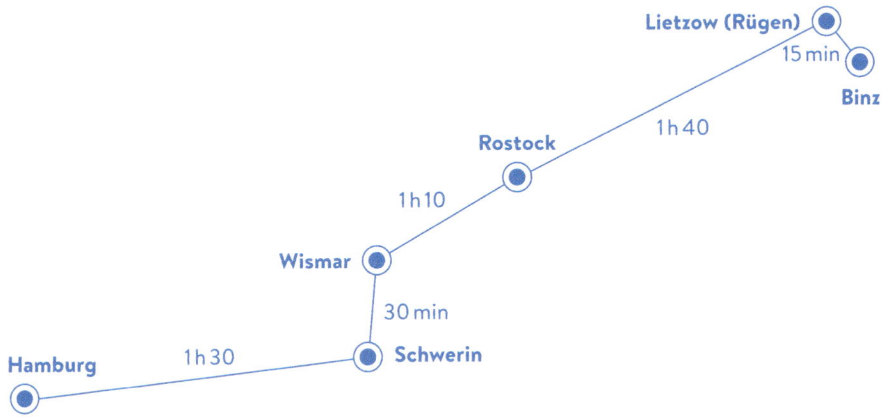

Rostocks Tore und Kirchen

Wenn wir die Innenstadt durch das Kröpeliner Tor verlassen, könnte man noch zum Botanischen Garten oder Schwanenteichpark spazieren, allerdings wäre es mit dem Fahrrad wesentlich schneller. Alternativ schlendern wir von hier in die Breite Straße bis zum Stadthafen und genießen die Aussicht auf die schillernde See und die hübschen Speicher an der östlichen Seite des Hafens. Interessant sind der alte Werftkran und der echte Eisbrecher Stephan Jantzen.
Zu den wichtigsten Sehenswürdigkeiten gehören auch noch das Ständehaus und das Steintor. Übrigens verlaufen zwischen dem Kröpeliner Tor und der Schwaanschen Straße die Rostocker Wallanlagen, die früher zur Stadtbefestigung gehörten. Die Stadtmauer war früher rund drei Kilometer lang und verfügte über 22 Tore, Wiekhäuser und Türme. Heute gibt es das Kröperliner-, Kuh-, Mühlen- und Steintor.

In der imposanten Marienkirche am Neuen Markt mit ihrer astronomischen Uhr bestaunen wir während einer geführten Tour die Gewölbe, die Orgelanlage, den Hauptaltar, die Predigtkanzel, das Bronze-Taufbecken und den Turm mit den Glocken. Auf der Aussichtsplatt-

→ Die astronomische Uhr aus dem 15. Jahrhundert in der Marienkirche.
↖ Rostock ist ein besonderes Erlebnis.

form der Petrikirche in 117 Metern Höhe genießen wir einen atemberaubenden Blick auf die Dächer der Stadt. In Anlage des »Klosters zum Heiligen Kreuz« erkunden wir die Kirche, den Kreuzgang und das Refektorium. Bevor wir Rostock in Richtung Ostseebad Binz verlassen, besuchen wir noch das beeindruckende Kerkhoffhaus mit seinem schönen Terrakottaschmuck und der tollen Fassade.

Ich bin meinem Herzen gefolgt und es hat mich zum Strand geführt.

Unbekannt

Binz' »weiter Blick aufs Meer«

Unsere letzte Station an der malerischen Prorer Wiek mit weißem Sand, bunten Strandkörben und einem weiten Blick hinaus aufs Meer ist Binz. Aber das Ostseebad Binz hält noch eine Menge mehr an Geschichte und Kultur bereit als die herrschaftliche Architektur der Villen mit ihren verschiedenen Stilelementen aus Klassizismus, Historismus und Jugendstil. Besonders sehenswert sind das Kurhaus Binz sowie die Villen »Undine«, »Malepartus« und »Sirene«. Am besten erkunden wir den Ort und seine Umgebung zwischen der Granitz und der Schmalen Heide zu Fuß oder mit dem Rad. Weniger anstrengend geht es mit dem Rasenden Roland, der nostalgischen Schmalspurbahn. Sie dampft an der ehemaligen Residenzstadt Putbus mit den Ostseebädern Binz, Sellin, Baabe und Göhren im südöstlichen Teil Rügens mit dem auf dem 107 Meter hohen bewaldeten Tempelberg beheimateten Jagdschloss Granitz vorbei. Zwischen 1837 und 1846 wurde der 38 Meter hohe Turm als Jagdsitz der Putbuser Fürstenfamilie in seiner heutigen Form erbaut. Im benachbarten Prora erstreckt sich über vier Kilometer der legendäre »Koloss von Rügen«, das Relikt aus der Zeit des Nationalsozialismus. Nahe Prora befindet sich das Naturerbezentrum Rügen mit seinem Baumwipfelpfad und dem einem Adlerhorst nachempfundenen Aussichtsturm. Als weitere Ausflugsziele sind u. a. die Feuersteinfelder der

↗ Störtebeker setzt Segel und nimmt Kurs am Ufer des Großen Jasmunder Boddens.
← Der Baumwipfelpfad hat spannende Lern- und Erlebnisstationen.

Schmalen Heide, das Biosphärenreservat Südost Rügen, die kulturhistorisch interessante Halbinsel Mönchgut und die in der Inselmitte gelegene Stadt Bergen mit ihrer Sommerrodelbahn und dem Kletterwald zu empfehlen.
Übrigens starten von der Binzer Seebrücke regelmäßig Ausflugsschiffe in Richtung Kreidefelsen, Kap Arkona und zu den Ostseebädern Sellin und Göhren sowie in die Hafenstadt Sassnitz. Ein Besuch auf dem Grümbke-Turm bei Neuenkirchen, der Großsteingräber bei Lancken, der Moritzburg bei Baabe und des Fischerdörfchens Seedorf zählen noch zu den Geheimtipps auf Rügen. Ansonsten begeben sich die Störtebeker-Festspiele seit vielen Jahren auf die Spuren der Freibeuter Klaus Störtebeker, Goedeke Michels und den Vitalienbrüdern.

Info

Geeignet als Tagestouren, Wochenendtrip oder Urlaub.

ANREISE

Ab Hamburg nach Wismar mit einem Umstieg in Schwerin, Fahrtzeit ca. 2 Std. Ab Wismar Direktverbindung nach Rostock, Fahrtzeit ca. 1 Std. Ab Rostock nach Binz (Rügen) mit einem Umstieg in Lietzow (Rügen), Fahrtzeit 2 Std.

UMGEBUNG

Wismar: Die Insel Poel ist einen Besuch wert. Ab dem Alten Hafen Wismar ca. 20 Min. Das Ostseebad Warnemünde ist ein Muss. Ab Rostock Bahnhof ca. 20 Min. Binz: Mit dem Schiff von Schaprode auf die zauberhafte Insel Hiddensee. In knapp 1 Std. Ein Ausflug aufs Festland in die Hansestadt Stralsund (siehe Tour Nr. 11) lohnt sich! Die Störtebeker-Festspiele finden seit 1993 immer von Ende Juni bis Anfang September in Ralswiek statt.

AB HAMBURG

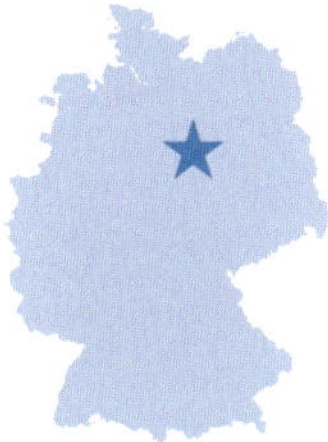

BIS MAGDEBURG UND HELMSTADT

5 Magdeburg – Helmstedt

Bewegend und lebendig

Wir lassen uns in Magdeburg auf den Holzweg führen und genießen das lebendige Geschichtsbuch Helmstedt.

Die bekannteste Sehenswürdigkeit in Magdeburg, der Stadt an der Elbe, ist sicherlich der Dom St. Mauritius und St. Katharina. Mit einem Domführer, der uns alle interessanten Geheimnisse (und davon gibt es einige) detailliert berichtet, bestaunen wir das gotische Bauwerk. Wer sich sportlich betätigen möchte, der kann die 433 Stufen auf den Nordturm des Doms wagen. Der Ausblick ist fantastisch! Direkt in Sichtweite des Doms befindet sich die »Grüne Zitadelle«. Das von Friedensreich Hundertwasser konzipierte Gebäude fällt durch seine rosa Fassade, die goldenen Kugeln und durch seine Säulen

← Auf dem Holzweg findet man sich unter wunderbaren Kirschbäumen wieder.

und Türme auf. Etwas Besonderes ist die Magdeburger Schiffsmeile. Sie zeigt historische Schiffe und Hafenanlagen und wir bestaunen neben dem historischen Kettenschleppdampfer Gustav Zeuner, die sehenswerte Hubbrücke, einen Taucherschacht und einen Eimerkettenschwimmbagger. Ein bewegendes Highlight ist übrigens die Kirschblüte auf dem Holzweg. So heißt tatsächlich die von japanischen Zierkirschen gesäumte Allee, die alljährlich während der Kirschblüte zum Schauplatz der besonderen Attraktion der »Sakura« (sich unter den blühenden Kirschbäumen zu einem Picknick treffen) wird.
Natürlich lassen wir uns die Festung Magdeburg, die Klosterkirche St. Marien, die Magdalenenkapelle, das Haus der Romantik, den Elbbalkon, das Palais am Fürstenwall und die Hegelstraße im Gründerzeitviertel nicht entgehen, bevor wir Richtung Helmstedt aufbrechen. Alle Magdeburger Highlights erreicht man bequem zu Fuß oder mit der Straßenbahn bzw. dem Bus.
Ein Spaziergang in Helmstedts Zentrum erlaubt uns einen Streifzug durch die Geschichte der Stadt mit ihren knapp 400 bunten Fachwerk- und Professorenhäusern aus dem 16. und 17. Jahrhundert. Hauptanziehungspunkt ist das palastartige Juleum, in dem das Auditorium Maximum der Helmstedter Universität untergebracht war. Aber auch das Rathaus, das herzogliche Hoflager und der Hausmannsturm begeistern uns. In den alten Straßen und Gassen rund um die Universität fallen uns die Professorenhäuser besonders ins Auge. Als Fachwerkliebhaber sollten wir die Kybitzstraße und das älteste noch erhaltene Wohn- und Geschäftshaus am Markt 7 nicht verpassen.

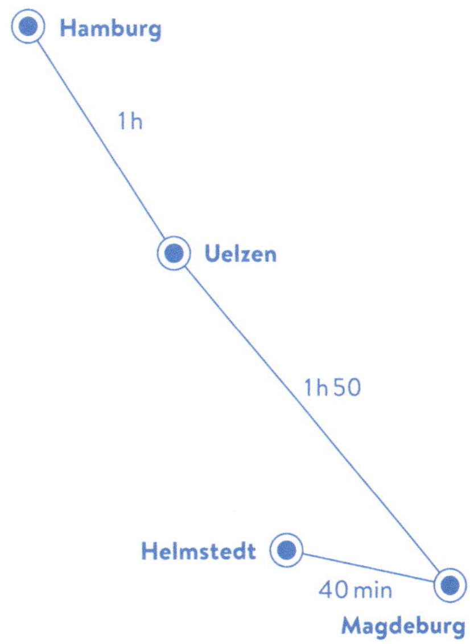

Info

Geeignet als Tagestour oder Wochenendtrip.

ANREISE

Ab Hamburg in 3 Std. nach Magdeburg mit einem Umstieg in Uelzen. Von Magdeburg direkt in 40 Min. nach Helmstedt.

BESONDERHEITEN

Auf einer »Grenzenlos-Rundfahrt« in Helmstedt erhalten wir drastische Einblicke in das Leben beiderseits der Grenze zwischen DDR und BRD.

UMGEBUNG

Der Kaiserdom Königslutter zählt zu den herausragenden Bauwerken der Romanik in Deutschland und ist nur 45 Min. von Helmstedt entfernt (siehe Route Nr. 12).

AB HANNOVER

BIS WEIMAR UND ERFURT

6 Weimar und Erfurt

Fast schon Kult: das klassische Doppel

Die Kulturstadt Weimar hat viel mehr zu bieten als Schiller und Goethe und Erfurt punktet nicht nur mit seiner Altstadt und der Krämerbrücke.

Unseren Rundgang starten wir im Bauhaus-Museum Weimar, unweit des Bahnhofs. In dem modernen Museumsgebäude in geometrisch klarer Form eines Würfels bewundern wir auf fünf Ebenen 13.000 Objekte und Dokumente.

Auf den Spuren der Dichter und Denker

Nicht weit entfernt finden wir das Weimarer Gauforum. Es steht exemplarisch für den monumentalen Traditionalismus der nationalsozialistischen Architektur. Dann geht's zur Jakobskirche, in der Goethe getraut wurde, und weiter zur Stadtkirche St. Peter und Paul. Hier bestaunen wir das Altarbild von Lucas Cranach dem Jüngeren und den Lutherschrein. Unsere nächste Station ist der Theaterplatz, der durch das Deutsche Nationaltheater geprägt ist. Vor dem Theater thront das Goethe-Schiller-Denkmal. Im Weimar Haus machen wir eine Zeitreise durch Thüringens und Weimars Geschichte von der Frühzeit bis zur Weimarer Klassik. Im Schiller-Museum besuchen wir das Wohnhaus des Künstlers, in dem er seine letzten drei Lebens- und Schaffensjahre verbracht hat.
Der große Marktplatz ist von vielen sehenswerten Gebäuden eingerahmt, wie der Hof-Apotheke, dem Cranachhaus und dem markanten Rathaus. Im Wohnhaus von Johann Wolfgang von Goethe, in dem er rund 50 Jahre lebte, erfahren wir viel über ihn und sein Privatleben. Am nördlichen Ende des Ilmparks thront das Weimarer Stadtschloss, der ehemalige Regierungs- und Wohnsitz

→ Die beiden großen deutschen Dichter Friedrich Schiller und Johann Wolfgang von Goethe

Die beste Bildung findet ein gescheiter Mensch auf Reisen

Johann Wolfgang von Goethe

der Herzöge von Sachsen-Weimar und Eisenach. Unter der Regie von Goethe wurde das Schloss als klassizistische Dreiflügelanlage aufgebaut.

Versteckt am Parkrand

Der an das Stadtschloss angrenzende Park an der Ilm beherbergt neben dem Römischen Haus ein verstecktes kleines Gartenhaus, das Goethe gehörte. In unmittelbarer Nähe des Ilmparks befindet sich die Herzogin Anna Amalia Bibliothek. Sie wurde 1691 als »Herzogliche Bibliothek« von Herzog Wilhelm Ernst gegründet. Der Historische Friedhof beherbergt viele Gräber berühmter Persönlichkeiten, wie die Fürstliche Familie Sachsen-Weimar-Eisenach, Goethe und Schiller. Etwa vier Kilometer südlich vom Weimarer Stadtzentrum liegt das Schloss Belvedere – Sommersitz der Fürstenfamilie – inmitten einer prachtvollen Parkanlage. Gut zu erreichen mit der Buslinie 1, die uns dann auch wieder zum Bahnhof bringt.

↗ Das Ensemble Bastille ist der älteste Teil des Schlosses Weimar. Ein trutziges Symbol der Macht.
↖ Ein elegantes Lustschlösschen, das Herzog Ernst August sich bauen ließ.
← Das Weimarer Gesamtensemble steht auf der Liste des UNESCO-Weltkulturerbes.

Erfurts Highlights in Gehweite

Da die meisten der Erfurter Sehenswürdigkeiten in der Altstadt liegen, können wir diese leicht an einem Nachmittag erkunden. Wir starten mit der Krämerbrücke, der längsten durchgehend mit Häusern bebauten und bewohnten Brücke Europas. Sie führt über die Gera –

Tipp

HISTORIE

Die Gedenkstätte Buchenwald liegt wenige Kilometer nordwestlich von Weimar und ist mit der Buslinie 6 gut erreichbar. Auch diese traurige Seite der deutschen Geschichte gehört bei einem Besuch in Weimar dazu.

von der wir auch den besten Blick auf die Brücke haben – und reicht vom Benediktusplatz zum Wenigemarkt. Von dort ist es nicht weit zum Evangelischen Augustinerkloster zu Erfurt, einer bedeutenden Lutherstätte.
Dann geht's weiter zum Domplatz. Dort bestaunen wir die Hohe Domkirche St. Marien zu Erfurt mit dem spätgotischen Glasgemäldezyklus im Hohen Chor, dem Chorgestühl und ihrer »Gloriosa«, der größten frei schwingenden Kirchenglocke der Welt. Gleich neben dem Dom gelegen, finden wir die Kirche St. Severi mit ihrem Sarkophag des Severus von Ravenna. Beide Kirchen bilden ein einzigartiges architektonisches Ensemble.

Vom Domberg schlendern wir zum Fischmarkt, dem historischen Zentrum der Stadt. Hier bewundern wir rund um den Platz die prachtvollen Patrizierhäuser aus der Renaissance, die Statue »Roland« und das Erfurter Rathaus. In einem Innenhof zwischen Fischmarkt und Waagegasse entdecken wir eine außergewöhnliche Sehenswürdigkeit: die 900 Jahre Alte Synagoge.

Über den Dingen

Über der Erfurter Altstadt thront die Zitadelle Petersberg, eine barocke Stadtfestung und die größte sowie am besten erhaltene ihrer Art in Mitteleuropa. Von dort haben wir einen grandiosen Blick

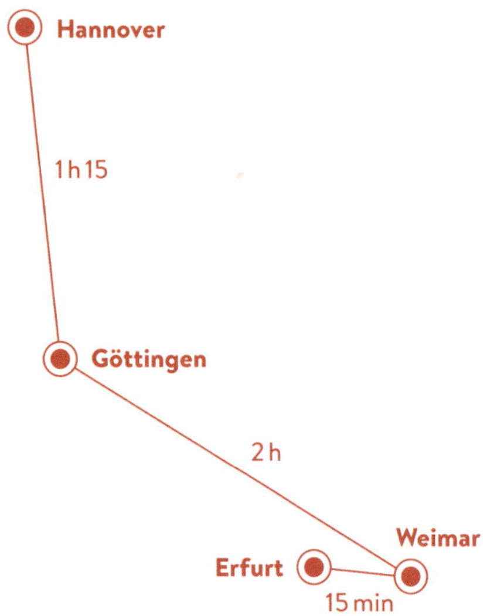

↗ Die berühmte Krämerbrücke mit ihren bunten Häusern
← Einfach eine einmalige Kulisse: Dom und St. Severi

über die Stadt. Die geheimnisvollen Horchgänge sollten die Zitadelle vor Eindringlingen schützen. Weitere Erfurter Sehenswürdigkeiten sind der Egapark mit seiner Sternwarte und das Schloss Molsdorf.

Info

Geeignet als Wochenendtrip oder Urlaub.

ANREISE

Von Hannover in 3,5 Std. mit einem Umstieg in Göttingen. Von Weimar nach Erfurt direkt in 12 Min.

KULINARIK

Natürlich darf man sich unter keinen Umständen die Thüringer Klöße, den Thüringer Blechkuchen und die Thüringer Bratwurst entgehen lassen. Auf der Krämerbrücke bietet die Goldhelm Schokoladen Manufaktur ein Paradies für alle Naschkatzen.

GLORIOSA

Von April bis Oktober werden an den letzten drei Wochenenden im Monat Turm- und Glockenführungen angeboten.

UMGEBUNG

Die UNESCO-Welterbestätte Wartburg in Eisenach erreicht man ab Erfurt in knapp 1,5 Std. sowohl mit der Bahn als auch dem Bus.

AB HANNOVER

BIS BREMEN
UND DORNUM

7 Über Bremen nach Dornum

Von der Hansestadt zum Freilenzen

Bremen mal abseits der üblichen Touristenpfade. Als Häuptlingssitz im Mittelalter überrascht Dornum mit jeder Menge Besonderheiten.

Bremen ist ebenso vielfältig, bunt und interessant wie die Menschen, die hier leben. Es gibt so viel in der abwechslungsreichen Stadt an der Weser zu entdecken, dass man auch längere Zeit dafür einplanen kann. Die alte Handelsstadt mit ihrem historischen Zentrum rund um den Marktplatz verströmt das Flair einer jungen Großstadt. Die wichtigsten Sehenswürdigkeiten der Altstadt erkunden wir entspannt und zügig auf einem 1,5 Kilometer langen Hörspaziergang. Dabei besichtigen wir die Bremer Stadtmusikanten, das Rathaus, den »Bremer Roland«, das Haus der Bürgerschaft, den St. Petri Dom, das Schnoorviertel, die Weserpromenade Schlachte und die Bark »Alexander von Humboldt«, den Martinianleger, die Böttcherstraße und den Schütting.

Himmlische Tour

Auf unserer Tour sollten wir den Himmelssaal – ein Art-déco-Meisterwerk von 1930 – in der Böttcherstraße im Haus Atlantis nicht verpassen. Genau wie den Marmorsaal im historischen Kaffee-HAG-Gebäude. Leider kann man diesen nur während eines zweistündigen Kaffeeseminars besuchen, lohnt sich aber! Ebenfalls ein Muss ist die Mall of Fame in der Lloyd-Passage, in der wir die Handabdrücke bekannter Persönlichkeiten finden. Oder der Friedhof Riensberg im Stadtteil Schwachhausen, der mit seinen kunstvollen Grabstätten, den Brücken, dem See und der Einbettung in die Landschaft beeindruckt.

← Bremen ist geprägt von 1.200 Jahren Tradition und Weltoffenheit.

Jede Reise ist wie ein eigenständiges Wesen – keine gleicht der anderen.

John Steinbeck

Weiter geht's ins »Viertel«, die Stadtteile Steintor und Ostertor. Es punktet mit seinen malerischen Straßenzügen, der alternativen Szene und seiner kulinarischen Vielfalt. Besonders angetan haben es uns die Altbremer Häuser und Gründerzeitbauten mit ihren stuckverzierten Fassaden in der Mozartstraße, Mathildenstraße und der Besselstraße.
Wer noch mehr Kultur haben möchte, schlendert vom Sielwall entlang dem Ostertorsteinweg in Richtung Innenstadt. Dort kommen wir direkt an der Kulturmeile vorbei. Neben dem Theater Bremen finden wir mit der Kunsthalle, dem Gerhard-Marcks-Haus und dem Wilhelm-Wagenfeld-Haus gleich drei Institutionen, die uns verschiedene Kunst bieten. Unweit des Weserstations erreichen wir den Osterdeich. Hier führt uns ein Fußweg am Ufer der Weser entlang und bietet unvergessliche Ausblicke auf die »Umgedrehte Kommode« (Wasserturm), das Weserstadion und die Halbinsel Stadtwerder mit ihrem Strand.
Oder wir nehmen die Sielwallfähre und lassen uns in wenigen Minuten direkt dorthinschippern. Mit der Tram 10 fahren wir zurück zum Bahnhof und Richtung Dornum.

Tipp

MEERWASSERFREIBAD

Beim Bad im solarbeheizten Meerwasser-Freibad zwischen den Deichen und dem Strand von Dornumersiel haben wir einen herrlichen Blick auf die Nordsee – einzigartig.

Freilenzen in Dornum

Angekommen im ostfriesischen Städtchen Dornum, starten wir gleich mit dem »Freilenzen«: einem entspannten Mix aus Freizeit und Gemütlichkeit. Gibt es nur an der Nordsee. Im Fischkutter- und Jachthafen von Dornumersiel, der zu den ältesten Häfen der Nordseeküste zählt, genießen wir die Eindrücke und die Meeresbrise. Oder wir liegen entspannt auf dem Grün- und Sandstrand im Strandkorb und haben ein wunderbares Nordsee-Panorama mit den Inseln Norderney, Langeoog und Baltrum.
Dann heißt es noch die historischen Besonderheiten erkunden. Da die Wege kurz sind, entweder zu Fuß oder per Rad. Wie die ehemalige Osterburg »Beningaburg«, die heute als Hotel mit Teestube genutzt wird. Sie war eine der drei Häuptlingsburgen (Norder-, Wester- und Osterburg), die die Beningas während ihrer Herrschaft bewohnten. Denn Ostfriesland wurde ab dem 14. Jahrhundert von gewählten Häuptlingen regiert. Die Norderburg – später das Wasserschloss

↗ Freilenzen in Dornumsiel gerne auch mit leckerem Fisch und Teetied
← Wer kennt sie nicht, die Bremer Stadtmusikanten.

Dornum – ist seit 1920 eine Schule.
Die Kirche St. Bartholomäus ist für ihre prachtvoll geschnitzte Barockkanzel, die zweitgrößte historische Orgel in Friesland und die Krypta mit den Gebeinen der Dornumer Häuptlinge bekannt. Die Bockwindmühle aus dem Jahr 1626 finden wir am Ortseingang. Sie ist die letzte ihrer Art in Ostfriesland.

Bevor wir uns einer Wattwanderung, einer Radtour entlang der Deiche oder einem Bad in der Nordsee hingeben, besuchen wir die Dornumer Synagoge. Sie entstand 1841 und wurde von der jüdischen Gemeinde bis wenige Tage vor der Pogromnacht 1938 genutzt. Sie ist die einzige Synagoge Ostfrieslands, die weitestgehend im Originalzustand erhalten blieb.

Info

Geeignet als Wochenendtrip und Urlaub.

ANREISE

Von Hannover nach Dornum Hafen in 4 Std. mit fünf Umstiegen in Bremen, Oldenburg, Sande, Esens. Alternativ 5 Std. über Bremen und Norddeich (Mole).

UMGEBUNG

In der Sommersaison an Sonn- und Feiertagen pendelt die Museumseisenbahn »Küstenbahn Ostfriesland« zwischen Dornum und Norden. Nordens Innenstadt ist ein Kleinod. Der Ort Leer ist bekannt für sein Wasserschloss Evenburg, die Backsteinhäuser und seine engen Gassen. Im Hafen Neßmersiel legt die Fähre nach Baltrum ab. Die Insel ist autofrei und eignet sich daher super zum Wandern und für eine entspannte Auszeit. Eine weitere Besonderheit von Baltrum ist der Glockenturm.

AB HANNOVER

BIS LÜBECK

8 Sehnsuchtsort Lübeck

Totentanz und Teufelsstein

Im Schatten der gewaltigen fünf Stadtkirchen und den sieben mächtigen Kirchtürmen suchen wir die verborgenen Schönheiten der Hansestadt.

Lübeck mit seiner komplett von Wasser umschlossenen historischen Altstadt ist ein echter Sehnsuchtsort. Die beeindruckende Backsteinarchitektur der Bürgerhäuser und der Kirchen prägt das Stadtbild der »Königin der Hanse«. Diesen Beinamen erhielt sie übrigens durch ihre Position im Zentrum der nordeuropäischen Handelswege. Wir starten unseren Rundgang am Holstentor, der bekanntesten Lübecker Sehenswürdigkeit. Es ziert Briefmarken, Geldscheine, Münzen und Marzipanverpackungen. Bis zum 19. Jahrhundert gab es vier Holstentore, die alle zur historischen Stadtbefestigung gehörten.

Traumhafter Rundum-Blick

Gleich im Anschluss besichtigen wir die Speicherstadt. Die Gebäude dienten zur Salzlagerung, bevor die wertvolle Ware dann vor allem nach Skandinavien verkauft wurde, wo es zum Konservieren des frisch gefangenen Fischs benötigt wurde. In der St.-Petri-Kirche bringt uns der Fahrstuhl auf den 50 Meter hohen Aussichtsturm, von wo wir einen fantastischen Ausblick über die gesamte Hansestadt genießen. Weiter geht es zum Lübecker Rathaus. Die verschiedenen Teile und Baustile machen es einzigartig und auch im Inneren finden wir unterschiedliche zeitgenössische Stile.

Klein und bunt wie Puppenhäuser

Sobald wir die Touristenwege verlassen, den Kopf einziehen und die Schultern beugen, entdecken wir dann die verborgenen Schönheiten der Stadt: die einzigartigen Gänge, Torwege und Höfe, die sich kreuz und quer durch die UNESCO-Welterbestätte Lübecker Alt-

stadt ziehen. Hier wohnten einst die Armen, Tagelöhner und Witwen in bedrückender Enge. Als im 14. Jahrhundert die Bevölkerung aufgrund des erfolgreichen Handels explodierte, herrschte extremer Platzmangel in der Altstadt. Reiche Kaufleute brachen daher schmale Gänge in ihre Vorderhäuser und bauten

↑ Faszinierender Blick auf die Stadt Lübeck

Tipp

AUF DEM WASSER

Perfekt lässt sich Lübecks Altstadt vom Wasser aus entdecken! Dafür mieten wir ein E-Boot und sind unser eigener Kapitän. Am Holstentor an der Obertrave ist der Anleger als idealer Startpunkt. Oder wir machen eine Hafen- und Kanalrundfahr, Abfahrt an den Holstentorterrassen.

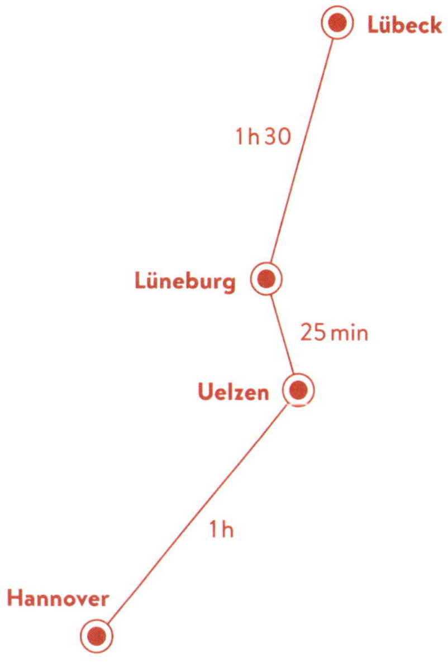

kleine Reihenhäuschen in ihre Hinterhöfe, in denen sie dann möglichst viele Menschen in winzigen Räumen zusammenpferchten. Die meisten dieser rund 90 Gänge, Torwege und Höfe haben sich in idyllische Wohnoasen verwandelt – klein und bunt wie Puppenhäuser, und fast alle frei zugänglich.

Lübeck ist eine wahre nordische Schönheit mit Stil.

Unbekannt

Totentanz und Teufelsstein

Dann spazieren wir zur Basilika St. Marien, einer der bedeutendsten Kirchen Nordeuropas, denn sie vereint Gotik, Renaissance, Barock und Moderne. Einzigartig sind auch die drei Totentanz-Fenster. Sie zeigen die Macht des Todes über die Lebenden. Wenn wir die Kirche verlassen, machen wir ein Foto vom Teufelsstein. Seiner Legende nach wurde der Teufel beim Bau der Kirche überlistet und half. Doch als er seinen Irrtum erkannte, drohte er das Gotteshaus mit einem riesigen Stein zu zerstören. Daraufhin wurde ein Weinhaus errichtet, wo er jetzt sein Unwesen treibt.
Gleich gegenüber besichtigen wir das Buddenbrookhaus, das 1841 vom Großva-

ter von Heinrich und Thomas Mann erworben wurde. Hinter der historischen Fassade finden wir das moderne Heinrich-und-Thomas-Mann-Zentrum. Weiter geht's zur Katharinenkirche, vorbei am Willy-Brandt- und Behnhaus bis zur St.-Jakobi-Kirche der Seefahrer. Im Inneren entdecken wir das Rettungsboot des 1957 untergegangenen Segelschulschiffs »Pamir«. Sehr imposant erscheint das Burgtor, das zweite erhaltene Stadttor. Ganz in der Nähe besuchen wir das Burgkloster, eine bedeutende mittelalterliche Klosteranlage und heute ein wichtiger Teil des Europäischen Hansemuseums.
Entweder mit dem Bus oder zu Fuß entlang der Trave machen wir uns dann auf den Weg nach Süden zum Lübecker Dom. Dabei besuchen wir den Lübecker Museumshafen mit seinen imposanten Museumsschiffen. Übrigens gibt es meist während der Wintermonate mehr Schiffe zu bewundern als im Sommer. Bereits von Weitem erkennen wir die beiden großen Türme des Doms zu Lübeck, die seit fast 850 Jahren das Stadtbild prägen. Im Inneren steht das 17 Meter hohe Triumphkreuz im Vordergrund. Aber auch das Taufbecken, die Kirchenuhr und die Tafelbilder sind einzigartig. Und wir finden mehrere Grabkapellen, die durch eine besonders kunstvolle Verarbeitung und Gestaltung auffallen – genau wie die wunderbare Marcussen-Orgel.

↑ Das Wahrzeichen der Stadt: das Holstentor
↙ Die alten historischen Salzspeicher an der Obertrave

Info

Geeignet als Tagestour oder Wochenendtrip.

ANREISE

Ab Hannover in über 3 Std. mit zwei Umstiegen in Uelzen und Lüneburg.

UMGEBUNG

Wer Zeit hat, steigt in Lüneburg aus und besucht auch noch diese Hansestadt. Mit ihren Sehenswürdigkeiten wie dem Stintmarkt und »Alter Kran«, dem Platz am Sande, dem Senkungsgebiet, Rathaus und Marktplatz, Wasserturm, Salzmuseum, St. Johannis und Kalkberg gilt sie als Rotenburg des Nordens. Oder wir machen einen Abstecher nach Hamburg für einen Besuch im Musical oder der Elbphilharmonie. Alternativ besichtigen wir dort die Landungsbrücken, die Speicherstadt, den Michel, den Park der Vielfältigkeit »Planten un Blomen«, das Planetarium oder den berühmten Fischmarkt.

AB HANNOVER

BIS COBURG

9 Residenzstadt Coburg

Von Königinnen und Bratwurst

Die Stadt der »Fränkischen Krone« beherbergt imposante Schlösser und Burgen, die auf den ersten Blick oftmals nicht als solche zu erkennen sind.

Schon auf unserem Weg nach Coburg können wir in der Ferne in jeder Himmelsrichtung Umrisse von Schlössern erkennen. Und das, obwohl die Stadt etwas vergessen zwischen dem Oberen Maintal und dem Thüringer Wald liegt. Dabei ist die ehemalige Residenzstadt mit ihren eindrucksvollen Schlössern und Burgen unheimlich bezaubernd und vereint fränkische Traditionen perfekt mit moderner Weltoffenheit.
So finden wir mitten in der Altstadt das herzogliche Schloss Ehrenburg, das wir uns unbedingt auch von innen ansehen sollten und von dem der Ururgroßvater des britischen Königs Charles III. stammt. Auch der Schlossplatz ist es wert, ein paar Minuten innezuhalten. Den schönsten Blick hat man von der etwas höhergelegenen Terrasse des Hofgartens. Auf der nördlichen Seite des Schlossplatzes entdecken wir gleich zwei imposante Bauwerke: das Landestheater Coburg sowie den gleich danebenliegenden Edinburgh-Palais, erbaut im Stil der Neorenaissance.

Tipp

IN GEDANKEN

Auf dem Marktplatz und in der Umgebung lohnt es sich, einen genaueren Blick auf das Kopfsteinpflaster zu werfen. Dort kann man immer wieder sogenannte Stolpersteine entdecken, die den Opfern des Nationalsozialismus gewidmet sind. Die meisten von ihnen waren Juden, von denen es 1925 noch 316 in Coburg gab.

← Schloss Ehrenburg war das Residenzschloss der Herzöge von Sachsen-Coburg.

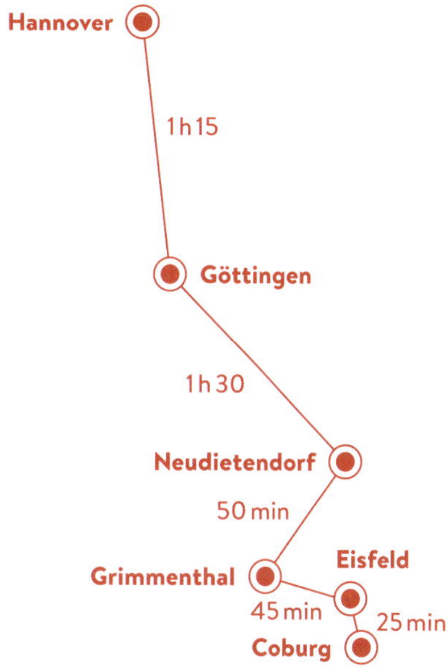

Sehr sehenswert ist der weitläufige Marktplatz mit der großen Statue von Prinz Albert von Sachsen-Coburg und Gotha. Er ist durch sieben Gassen mit der Altstadt verbunden und es reihen sich hier viele prächtige Gebäude wie Perlen an einer Schnur aneinander. Wenn wir uns in Richtung Rathaus drehen, haben wir einen wunderschönen Blick mit der Morizkirche im Hintergrund. Ein ebenfalls schönes Fleckchen ist der Albertsplatz mit seinem Ketschentor. Es ist neben dem Juden- und Spitaltor ein gut erhaltenes Stadttor.
Auffallend sind die Brunnen, die wir in der Stadt verteilt finden. Ganz nach dem Motto »Ohne Wasser kein Leben!« wurden viele von ihnen bereits im 16. Jahrhundert erbaut. Auch heute noch sind zeitgenössische Brunnen dazugekommen. Besonders gefallen haben uns der Brunnen »Zur Fischerei«, der Herzog-Alfred-Brunnen, der Sintflutbrunnen und der Brunnen »Kleiner Rosengarten«.

Nur einen Katzensprung vom Marktplatz entfernt bestaunen wir das Münzmeisterhaus und das Gymnasium Casimirianum. Außerdem lassen uns die Morizkirche mit ihrem 72 Meter hohen Nordturm und älteste Kirche Coburgs sowie die Stadtpfarrkirche St. Augustin, am Fuße des Festungsbergs, staunend zurück. In ihr befindet sich die Koháry-Gruft, die Grablege der katholischen Linie des Coburger Herzogshauses. Zu Fuß erreichen wir dann mit einem schönen Spaziergang durch den Hofgarten die Veste Coburg, das Wahrzeichen der Stadt. Die mittelalterliche Burg thront hoch über der Stadt und wird auch »Fränkische Krone« genannt. Sie beherbergt einige Ausstellungen, wobei wir auch nur das Burgareal besichtigen können.

Die Wurst gehört zu Franken wie der Knopf zur Hose.

Unbekannt

Im Bürglaß-Schlösschen mit seiner bewegenden Geschichte saßen früher der Zar und sein Bruder über naturwissenschaftlichen Büchern; es ist heute Sitz des Bürgermeisters. Wenn wir das klassizistische Gebäude betreten, fällt uns im Vorraum des Treppenhauses das säulengetragene Rondell auf – eine gelungene architektonische Lösung –, genau wie der ehemalige Empfangssaal im ersten Stock, der als Trausaal vom Standesamt genutzt wird.

Weitblick und Geschichte

Rund sechs Kilometer außerhalb und mit der Buslinie 5 gut erreichbar, finden wir ein weiteres prächtiges Bauwerk auf einer bewaldeten Anhöhe: das Jagd- und Sommerschloss Callenberg. Im neugotischen Stil erbaut, ist es fast genauso prunkvoll wie die in der Ferne gut erkennbare Veste. Fantastisch ist der Panoramablick auf die Hügellandschaft des Callenberger Forstes, den etwas erhöht liegenden Rosengarten und die Schlosskapelle. Zu Füßen des Schlosses entdecken wir den Goldbergsee, einen malerischen Stausee.

↗ Die »Fränkische Krone« erhebt sich gewaltig hoch über der Stadt.
← Die historische Architektur am Marktplatz ist einzigartig.

Ein weiteres Schmuckstück, das wir besuchen sollten, ist das Schloss Rosenau mit seinem traumhaften Park. Hier finden wir historische Gebäude wie das Kavaliershaus, die Orangerie, das Teehaus oder auch die Schweizerei. Es ist etwa sieben Kilometer von der Altstadt entfernt und mit der Buslinie 3 erreichbar. Dort wurde übrigens Prinz Albert von Sachsen-Coburg und Gotha geboren.

Obwohl die Veste als Wahrzeichen gilt, würden nicht wenige eher die köstlichen Coburger Bratwürste als Aushängeschild der Stadt bezeichnen. Weitere kulinarische Köstlichkeiten sind die süßen Coburger Schätzchen – zu finden in der Hofbäckerei Feyler – und der traditionelle Hoflikör, eine süße Kräuterköstlichkeit, der in der antiken Hofapotheke handwerklich hergestellt und verkauft wird.

Info

Geeignet als Wochenendtrip oder Urlaub.

ANREISE

Ab Hannover in 5,2 Std. mit vier Umstiegen in Göttingen, Neudietendorf, Grimmenthal und Eisfeld.

UMGEBUNG

Nur 1,5 Std. entfernt, entdecken wir in Nürnberg Sehenswürdigkeiten ohne Ende: von der Burg, dem Rathaus über den Hauptmarkt mit dem schönen Brunnen und bis hin zum Handwerkerhof. Dazwischen mittelalterliches Flair und charmante Fachwerkhäuser. Mit dem Reichsparteitagsgelände hat die Stadt ein wahrhaft interessantes Museum. Am Wöhrder See schippern wir über das Wasser oder machen einen Ausflug zu den wundervoll angelegten Hesperidengärten in St. Johannis.

AB HANNOVER

BIS BRAMSCHE

10 Leuchtendes Bramsche

Schauplatz der blutigen Varusschlacht

In der sagenhaften Gegend des Osnabrücker Lands findet sich eine Vielzahl an bedeutenden historischen Schauplätzen und Sehenswürdigkeiten.

Ein bis heute prägendes Ereignis fand Hunderte Jahre vor der Gründung von Bramsche statt. Im Jahr 9 n. Chr. soll sich die historische »Varusschlacht« – auch bekannt als Schlacht am Teutoburger Wald – zwischen Römern und Germanen im Ortsteil Kalkriese zugetragen haben. Allerdings erlangte man erst 1990 Gewissheit darüber, als bei Ausgrabungen Überreste einer ehemaligen Wallanlage entdeckt wurden. Seitdem dauern die archäologischen Arbeiten an, bei denen neben menschlichen Überresten auch die Maske eines römischen Reiterhelms geborgen wurde. Wichtige Fundstücke können wir uns im Museum Kalkriese anschauen.

Allerdings ist die archäologische Arbeit nicht das Einzige, was am ehemaligen Schlachten-Schauplatz an früher erin-

nert. Denn in jedem ungeraden Jahr schlagen dort zu Pfingsten die Römer und Germanen ihre Zelte auf. Allerdings diesmal nur in friedlicher Absicht. Im »Museumspark Varusschlacht« wird für zwei Tage die Zeit um 2000 Jahre zurückgedreht. Während der »Römer- und Germanentage« werden unter anderem waghalsige Reitmanöver oder alte römische Geschütze vorgeführt.
An geraden Jahreszahlen lockt das »Osterleuchten« nach Bramsche. Es ist eine Mischung aus Licht-, Musik- und Feuerwerks-Show, die den Himmel bunt erstrahlen lässt. Die Inszenierung greift das Geschehen rund um die Varusschlacht auf und versucht, diese durch Pyro-Effekte spürbar zu machen. Direkt in der Altstadt finden wir die St.-Martin-Kirche mit wertvollen Zeugnissen der Bau- und Kunstgeschichte von der Romanik bis in die Gegenwart. Im Jahre 1097 wurde sie zum ersten Mal urkundlich erwähnt und noch heute bildet die Kirche den Mittelpunkt der schönen Bramscher Altstadt. Ein weiteres Highlight ist das Tuchmacher-Museum. Hier können wir den gesamten Prozess der Tuchherstellung nachvollziehen. Unter den bemerkenswerten Exponaten finden wir auch eine Spinnmaschine mit etwa 100 Spindeln und einen Jacquardwebstuhl. Lohnenswert sind ein Besuch im Kloster Malgarten im Nordosten der Stadt, die Wasserburg Alt Barenaue, das Schloss Neu Barenaue und Sögeln, die »Alte Post« und die »Burg Hesepe«.

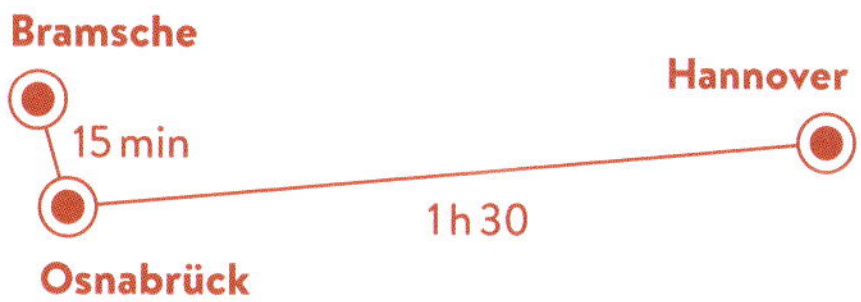

Info

Geeignet als Tagesausflug oder Wochenendtrip.

ANREISE

Ab Hannover in 2 Std. mit einem Umstieg in Osnabrück.

UMGEBUNG

In 2 Std. und zwei Umstiegen erreichen wir Warendorf mit seiner in dieser Form einzigartigen Pferdeprozession. Eine Woche vor Mariä Himmelfahrt stehen in der Stadt bereits neun geschmückte Bögen zu Ehren der Gottesmutter Maria. Angeführt vom berittenen Fanfarenzug, führt die Pferdeprozession rund 100 Pferde an den Triumphbögen vorbei.

↗ Aus der Zeit Karl des Großen: die Kirche St. Martin
← So besiegten die Germanen die Römer!

AB BERLIN  BIS STRALSUND

11 Hansestadt Stralsund

Klein und krass

Hat man Pech mit dem Wetter, hat man trotzdem Glück!

Stralsund ist ein bisschen wie Lübeck – nur kleiner und krasser. Denn der kleine alte Kern in Insellage hat sich bei der Hansestadt krasserweise seit dem 13. Jahrhundert kaum verändert. Das war einer der Gründe, warum die Stralsunder Altstadt zum UNESCO-Weltkulturerbe erklärt wurde. Die kostenfreie Weltkulturerbe-Ausstellung in der Ossenreyerstraße 1 ist ein toller Einstieg, um mehr über die Bedeutung der Stadt zu erfahren. Um die Ecke, in der Ossenreyerstraße 8–12, versteckt sich dann auch gleich eine weitere Überraschung: Wer sich durch die moderne Klamottenaufbereitung im Modehaus Jesske wagt, kann einen Blick auf die erstaunliche Kuppeldecke des ehemaligen Wertheim-Kaufhauses werfen. Das 1903 eingeweihte Kaufhaus lässt erahnen, wie Kundenfang damals funktionierte, und ist zudem eines der wenigen erhaltenen Häuser des Wertheim-Imperiums.
Bei gutem Wetter lassen wir uns einfach ungeplant durch Stralsund mit ihrer wunderbaren Symbiose von Meer und Backsteingotik treiben. Im Stadthafen besichtigen wir die Gorch Fock I und bestaunen an Deck das beeindruckende Doppelruder. Der Hafen beherbergt den Stadthafen an der Hafenstraße sowie den Nord- und den Südhafen. Besonders sehenswert ist das alte Lotsenhaus. Vom Hafen aus können wir auf dem Strelasund eine große Hafenrundfahrt machen. Im Ozeaneum mit seinem beein-

Tipp

ABGEFAHREN

Vom Hafen aus gibt es viele Fährverbindungen zwischen Stralsund und Altefäh sowie nach Stahlbrode und Glewitz. Auch die Schifffahrten nach Hiddensee und Rügen beginnen hier.

→ **Stralsund als »Tor zur Insel Rügen« bietet einzigartige Meerblicke.**

druckenden Bauwerk erfährt man viel über die Tiere, die in der Ostsee, in der Nordsee und im offenen Atlantik leben. Allerdings handelt es sich um ein großes Aquarium, in dem die Tiere in Gefangenschaft gehalten werden – und das sollte man auch reflektieren.

Alles unterkellert

Weiter geht's zum Rathaus, dem uralten Backsteinbau. Der Ratskeller Stralsunds auf dem wunderschönen Alten Markt ist übrigens der größte zusammenhängende Keller Nordeuropas. Früher war er ein Lagerraum von 1400 Quadratmetern. Besonders eindrucksvoll ist der Schaugiebel des Gebäudes mit seinen Ornamenten und Sternen. Gleich daneben finden wir die St.-Nicolai-Kirche, das älteste Gotteshaus der Stadt. Besonders angetan haben es uns der Bergenfahreraltar und die astronomische Uhr.

Zu Beginn ihrer Zeit war Stralsund umringt aus einem Wall aus Pfählen. Im 14. Jahrhundert baute man dann nach und nach eine steinerne Stadtmauer. Original erhaltene Abschnitte befinden sich am Knieperwall und am Fährwall mit den sogenannten Wiekhäusern. Zudem gab es damals zehn Stadttore, wovon heute nur noch das Kütertor und das Kniepertor übrig sind. Und wo früher Flüsse und Gräben waren, sind heute die »Weißen Brücken« auf dem Küterdamm, einem Fuß- und Radweg von der Tribseer Vorstadt in die Altstadt. Hier können wir ein Tretboot oder ein Ruderboot mieten und über den Teich schippern. Ein weiteres Highlight ist das historische Giebelhaus in der Frankenstraße 28. Der Besitzer hat das Haus liebevoll restauriert und stellt seine Sammelobjekte öffentlich aus. Auch ein Besuch im Heilgeistkloster lohnt sich. Wir gehen dabei in die Ecken, in die sonst nicht jeder schaut, und lassen uns vom Charme des Säulengangs einfangen. Heute beher-

bergt das Kloster zum Heiligen Geist zwar Wohnungen, aber die Anlage ist dennoch zugänglich.
Auch ein Besuch des Jüdischen Viertels sollten wir uns nicht entgehen lassen. Dort, wo früher die Synagoge stand, erinnert uns heute eine Stele. Der Winkel stellt ein wunderschönes Postkartenmotiv dar! Besonders im Sommer, wenn alles blüht, ist die Gegend einfach einzigartig. Ein Rundgang durch die Judenstraße zur Stralsunder Münze, vorbei am Jüdischen Friedhof zum Kaufhaus Tietz und zur Stele im Johanniskloster, vermittelt uns nicht nur jüdische Geschichte. Wir lernen die Stadt auch von einer ganz anderen, besonderen Seite kennen.
Sollte man einmal Pech mit dem Wetter haben, hat man wiederum das Glück, in Ruhe an drei verschiedenen Stadtorten interessante Museen zu besuchen: das Kulturhistorische Museum Stralsund im ehemaligen Dominikanerkloster St. Katharinen, das Marinemuseum und das Museumshaus. Das wunderbare Deutsche Meeresmuseum wiederum ist leider wegen Umbauarbeiten noch bis 2024 geschlossen.

↑ Der Knieperteich mit seinen berühmten weißen Brücken
↙ Das historische Rathaus in Stralsund

So viel ist sicher: Reisen tut immer gut.
Voltaire

Info

Geeignet als Tagestour oder Wochenendtrip.

ANREISE
Ab Berlin direkt in 3,15 Std.

UMGEBUNG
In 2 Std. mit einem Umstieg in Barth erreicht man das Ostseebad Zingst. Bei einem 4 m tiefen Tauchgang in der Tauchgondel an der Seebrücke erlebt man die faszinierende Tier- und Pflanzenwelt der Ostsee. Auch das Experimentarium ist bei Forschern und Entdeckern aller Altersgruppen beliebt. Natürlich schlendern wir über die 270 m lange Seebrücke, genießen den Ausblick vom Kurhaus und bestaunen die alten Kapitänshäuser. Alternativ besuchen wir die Insel Rügen mit dem Ostseebad Binz (siehe Route Nr. 4).

AB BERLIN

BIS KÖNIGSLUTTER

12 Kaiserstadt Königslutter

Kaiserdom und Fachwerkromantik

Die reizvolle kleine Fachwerkstadt mit Kaiserdom und historischem Stadtkern bildet das Tor zum Naturpark Elm-Lappland.

Königslutter am Elm ist nicht nur berühmt für seinen Kaiserdom, in dem der Vater Heinrichs des Löwen bestattet wurde. Denn im Süden geht die Stadt fast unmerklich in den Höhenzug Elm über, der die größten und schönsten Buchenwälder Norddeutschlands beherbergt. Und im Norden liegen die Naturschutzgebiete Rieseberger Moor und Rieseberg sowie der reizvolle Höhenzug Dorm.

Königslutter Bier

Vom für eine Kleinstadt sehr prachtvollen Bahnhof aus schlendern wir zur Innenstadt, die von zahlreichen Fachwerkhäusern geprägt ist. Viele Gebäude wurden liebevoll renoviert und die großen Rundbogentore weisen oftmals auf ehemalige Brauereien hin. Früher verhalf der Verkauf des Bieres der Stadt zu einigem Wohlstand und noch heute kann man das berühmte Königslutter Weizenbier mit der charakteristischen rötlichen Farbe genießen.
Ein Haus auf dem Marktplatz fällt uns gleich ins Auge, denn an seinen Balken finden wir ungewöhnliche Figuren und Säulen. Wie sich herausstellt, gehörten diese zur Dorfkirche Schoderstedt, die im Mittelalter zerstört wurde. Dann tauchten sie 1674 an diesem Haus des Amtsmanns Ernst Leidenfrost wieder auf. An anderen Häusern finden wir Sinnsprüche oder filigrane Dekorationen und wieder andere sind krumm und schief. Am Marktplatz finden wir auch das alte und neue Rathaus. In dem orangefarbenen Teil wohnte einst Dr. Samuel Hahnemann, der Begründer der Grundlagen der Homöopathie.
Vom Marktplatz können wir in die Breite Straße abbiegen – in der früher die Tagelöhner und mittellose Menschen lebten –, in die Marktstraße mit ihren bemerkenswerten alten Bürgerhäusern, in die Mittelgasse – die engste Gasse der Stadt – oder in die Sackgasse. Hier befinden sich an der Ecke zur Straße »Kattreppeln« die Otto-Klages-Sammlung sowie die städtische Bibliothek.

Auf den Spuren Kaiser Lothars III.

Der Kaiserdom von Königslutter liegt auf einem Hügel über der Stadt. Er gehört zu den bedeutendsten Bauwerken der Romanik und wurde im 12. Jahrhundert von Kaiser Lothar III., König und Kaiser des römisch-deutschen Reiches, als Grablege erbaut. Es wurden der Kaiser, seine Frau Richenza und sein Schwiegersohn Heinrich der Stolze beigesetzt.
Nicht nur diese geschichtlich bedeutende Grabstätte hat dem Kaiserdom zu großer Bekanntheit verholfen, sondern auch die einzigartige kunstvolle Gestaltung durch

↗ Das Löwenportal am Kaiserdom
← Die Kaiserstadt verzaubert Besucher mit ihren tollen Fachwerkhäusern.

einen italienischen Steinmetz. Erwähnenswert sind zudem der Kreuzgang an der Südfront des Domes – er gilt als einer der stattlichsten im Raum Norddeutschlands – sowie das Löwenportal an der Nordseite. Bekannt ist auch das Jagdfries auf der Außenapsis.
Hinter dem Kaiserdom bestaunen wir einen riesigen Baum: Die Kaiser-Lothar-Linde soll fast 900 Jahre alt sein und wurde angeblich 1135 gepflanzt. Sehr empfehlenswert ist auch das Museum für mechanische Musikinstrumente (kurz: MMM), in dem wir die 250-jährige Geschichte der mechanischen Musik bestaunen.
Einen Besuch der Lutterspring, dem Quellenaustritt der Lutter am Elmrand – auch Abt-Johann-Fabricius-Quelle genannt –, sollten wir einplanen. Sie gehört zu den stärksten Quellen im norddeutschen Raum. An ihrem Punkt wurde das Quellenhaus aus Elmkalksandstein im Jahre 1708 errichtet. Auch heute wird daraus noch Trinkwasser gewonnen.
Bevor wir aktiv in ausgedehnte Wälder, Moore, Heideflächen, kleine und größere Seen sowie Felder und Blumenwiesen eintauchen, besuchen wir das Informationszentrum Geopark. Hier erleben wir auf vier Stockwerken anhand von Fossilien und Gesteinen über 290 Millionen Jahre Erdgeschichte. Was vielleicht etwas nüchtern klingt, ist in Wahrheit wirklich spannend. Denn hier entdecken wir, was so alles in den Steinbrüchen und Gruben des Braunschweiger Landes gefunden wurde. Bei den Fossilien finden wir bes-

Tipp

FACHWERKFREUNDE

Wer mehr über das Fachwerk erfahren möchte, schließt sich der Fachwerkführung »Schiffskehlen und krumme Balken« an. Diese erklärt das kunstvolle Handwerk der Zimmerleute, die Inschriften und das Schmuckwerk.

Ein guter Reisender hat keine festen Pläne …

Lao Tzu

↗ Ein eindrucksvolles Monument: der Kaiserdom Königslutter
← Naturerlebnisse und Weitblicke im UNESCO-Geopark

tens erhaltene Abdrücke von Fischen und Pflanzen und sogar den Abdruck eines Dinosaurierfußes. Auch auf die Menschen der Steinzeit wird mit Exponaten eingegangen. Das Museum bietet eine hervorragende Grundlage für unsere Naturerlebnisse im UNESCO-Geopark Harz – Braunschweiger Land – Ostfalen.

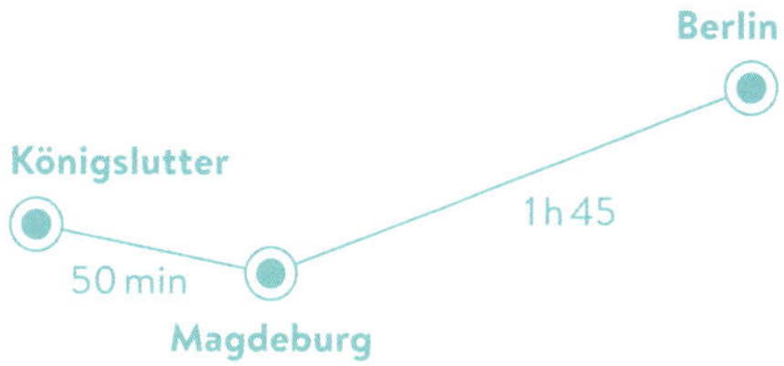

Info

Geeignet als Wochenendtrip oder Urlaub.

ANREISE

Ab Berlin in 3 Std. und 20 Min. mit einem Umstieg in Magdeburg (siehe Tour Nr. 5).

UMGEBUNG

Für Wanderfreunde bieten sich die 600 km Wanderwege mit unterschiedlichen Ansprüchen an. Radfahrer kommen auf der Romantik-Route, der FEMO-Nord-Route oder der Kaiserdom-Route auf ihre Kosten. Von Königslutter erreichen wir in 17 Min. die Löwenstadt Braunschweig. Neben dem Dom, der Krypta und dem Domplatz mit dem Braunschweiger Löwen sollten wir dort die Burg Dankwarderobe, das Rathaus, das Happy Rizzi House, den Altstadtmarkt, das Magniviertel und das Residenzschloss anschauen.

AB BERLIN

ZUM TIMMENDORFER STRAND

13 Timmendorfer Strand und Niendorf

Ostseebäder mit Tradition

Es wird nie langweilig: Bei Hafenflair, Naturschauspielen und Weitblick aufs Meer kommen nur Glücksgefühle auf.

Eigentlich wollten wir nur kurz ein bisschen Meerluft schnuppern und uns dann gleich auf Timmendorfer-Strand-Erkundungstour begeben. Als wir aber oben an einer für die Ostsee typischen kleinen Düne stehen und auf das Meer schauen, zieht uns die Weite in ihren Bann! Wir bleiben jetzt erst mal hier, mieten uns kurzerhand einen Strandkorb und schauen mit einem einzigartigen Glücksgefühl stundenlang aufs Wasser – ohne uns zu langweilen. Selbst als sich die anderen Strandkörbe leeren, genießen wir die besondere Abendstimmung und bleiben einfach sitzen. Und so erleben wir einen wunderschönen Sonnenuntergang mit faszinierendem Farbspiel.

Als wir uns dann endlich losreißen, flanieren wir über die Seebrücke und lassen uns vom Wind durchpusten. Im Café und Restaurant »Wolkenlos« mit seinen eingelassenen Glasböden und der Rundumverglasung haben wir einen fantastischen Ausblick auf die Lübecker Bucht und einen genialen Rundblick auf die darunterliegende Ostsee.

Eigentlich ist der Timmendorfer Strand nicht sehr alt, denn erst vor ungefähr 150 Jahren baute ein Pastor in unberührter Strandlandschaft das erste Haus.

Tipp

AUSFLÜGE

Vom Timmendorfer Hafen aus gibt es viele Fährverbindungen zwischen Stralsund und Altefähr sowie nach Stahlbrode und Glewitz. Auch Schifffahrten nach Hiddensee und Rügen beginnen hier.

↑ Bei endlosen Spaziergängen an den Klippen und auf den Dünen im Ostseebad Poel lassen wir uns den Wind durch die Haare wehen.

Heute ist es, stilvoll restauriert, das Restaurant »Anno 1865« (früher: »Reethus«). Mit den Jahren und der damaligen Bäderkultur entwickelte sich der Ort im entsprechenden Trend weiter. Es wurden Villen und Hotels gebaut, von denen wir heute einige als Bausünde betiteln, aber Gott sei Dank gibt es nur wenige ‚hässliche' Hochbauten in Timmendorf. Meist prägen Villen und kleinere Häuser den Ort und im Ortskern erinnern noch einige Prachtbauten an die Gründerzeit.

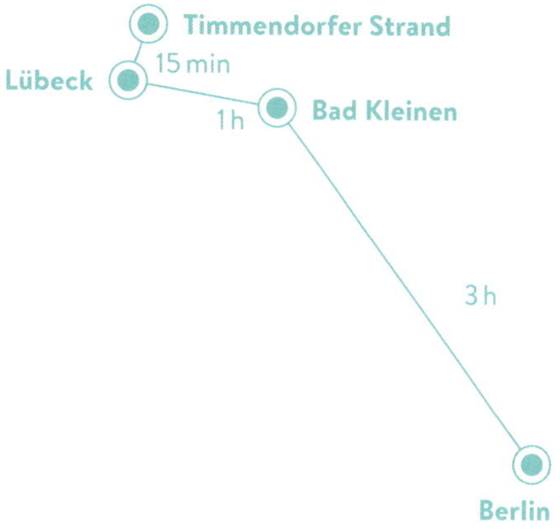

Touren in der Umgebung

Als wir im autofreien Ort auf der Kurpromenade entlangschlendern, beschließen wir, mit dem Rad nach Niendorf zu fahren. Der Ort ist vor allem für seinen kleinen Hafen bekannt. Bis heute verkaufen die Ostseefischer dort täglich ihren Fisch an festen Ständen. Der Hafen ist auch Liegeplatz für Ausflugsdampfer und Jachten. Obwohl im Ort große Festivals stattfinden, hat sich Niendorf seinen bodenständigen Charakter bewahrt. Hochhäuser, elegante Boutiquen oder In-Cafés sucht man vergeblich. Der Sandstrand ist nicht so feinkörnig wie in Timmendorf, dafür geht es hier bedeutend ruhiger zu. Die moderne Seebrücke mit einem fischförmig gebogenen Brückenkopf und Holzliegen lädt uns zum Entspannen und Verweilen ein. Übrigens ist der Vogelpark Niendorf auch ein lohnendes Ziel. Er liegt von einer Schilflandschaft umgeben in der Aalbek-Niederung

Glück ist ein Tag am Strand mit Sand zwischen den Zehen und Sonnenbrand auf der Nase.

Unbekannt

und beheimatet etwa 1.000 einheimische und exotische Vögel.
Direkt am Ortsausgang schließt sich das Brodtener Ufer an. An dieser Steilküste können wir einen knapp sechs Kilometer

langen Wander- und Radweg direkt nach Travemünde nutzen, von dem wir pittoreske Ausblicke über die Lübecker Bucht bis nach Mecklenburg-Vorpommern genießen. Zu empfehlen ist diese Tour besonders am frühen Morgen während der Rapsblüte. Ein kleines Abenteuer bietet der Weg unterhalb des Steilufers direkt am Wasser entlang: Dort ist er teilweise von großen Steinen und entwurzelten Bäumen gesäumt.

Falls wir mehr Ruhe und Naturverbundenheit suchen, erholen wir uns am Hemmelsdorfer See. Er entstand in der letzten Eiszeit und war ursprünglich eine Förde der Ostsee. Im Laufe der Jahrhunderte trennten Sandmassen die Hemmelsförde von der Ostsee, die Meeresbucht wurde zum See und die Aalbeek-Niederung entstand.

Und sollte uns das Regenwetter überraschen, entspannen wir einfach in der Ostsee-Therme Scharbeutz oder im Meerwasser-Hallenbad in Niendorf. Wer lieber ins Wasser schaut, der besucht das SEA LIFE Center an der Kurpromenade. Kulturliebhaber lernen die Region im Museum »Alter Leuchtturm Travemünde«, dem Museumshof Lensahn oder im Museum Scharbeutz näher kennen. Oder wir lassen es uns einfach in einem der gemütlichen Cafés bei Tee und roter Grütze mit Vanillesauce oder Klüten mit Äpfeln oder Birnen gutgehen. Übrigens ist die Ostsee auch Region des Sanddorns, und so kann man auch am Timmendorfer Strand Säfte, Marmeladen, Bonbons oder Tees aus den vitaminhaltigen Beeren kaufen.

↑ Der Dünenweg in Niendorf
↙ Traumstrände an der Lübecker Bucht

Info

Geeignet als langes Wochenende und Urlaub.

ANREISE

Ab Berlin in 5 Std. mit zwei Umstiegen in Bad Kleinen und Lübeck (siehe Route Nr. 8).

UMGEBUNG

In knapp 1,5 Std. erreichen wir mit Zug und Bus Fehmarn. Die Sonneninsel mit 20 Stränden und 78 km erfreut kleine Feriengäste im Meereszentrum mit den vielen Fischen oder im U-Boot-Museum mit vielen Entdeckungen. Musikfans pilgern zum Jimi-Hendrix-Gedenkstein. Wir besichtigen die Burg Glambeck, die Fehmarnsundbrücke, die fünf Leuchttürme, das Rathaus, die St.-Nikolai-Kirche, das Niobe-Denkmal, das Naturschutzgebiet »Grüner Brink« oder genießen einfach die Ostsee und die Sonne!

14 Idyllisches Steinhuder Meer

Nicht nur für Naturgenießer

Um ans Meer zu gelangen, muss man nicht unbedingt bis zur Küste fahren. Die »Adria der Hannoveraner« ist näher, als man denkt.

Kleine Fischerdörfer, weiße Strände, Segelboote, die sanft durch die Brise gleiten. Bei dieser Beschreibung tauchen unweigerlich Bilder von der Nord- oder Ostsee vor unserem inneren Auge auf. Tatsächlich fahren wir aber nur etwa 30 Kilometer vor die Tore Hannovers. Dort liegt ein einzigartiges Naturparadies mit ausgedehnten Moorflächen, schwimmenden Wiesen, eiszeitlichen Moränenlandschaften, Binnendünen, Bergen und 32 Quadratkilometern Wasserfläche: das Steinhuder Meer! Es ist nach der Müritz der zweitgrößte See, der vollständig innerhalb Deutschlands liegt. Das in der Eiszeit entstandene natürliche Gewässer ist ein Paradies! Bis vor einigen Jahrzehnten war der nur knapp drei Meter tiefe See Eigentum des Fürstenhauses Schaumburg-Lippe. Heute gehört nur noch die Insel Wilhelmstein, eine öffentlich zugängliche Ausflugsattraktion, der Familie. Im 18. Jahrhundert ließ dort Graf Wilhelm zu Schaumburg-Lippe eine Festung errichten. Heute kann man von April bis Oktober mit dem Ausflugsschiff von Steinhude sowie von Mardorf aus dorthin gelangen. Rund um das Steinhuder Meer gibt es zahlreiche Wanderwege, auf denen wir die interessante Flora und Fauna bewundern. Vor allem im Frühjahr und Herbst wird es sehr lebendig, denn da suchen Zugvögel, die zu Tausenden auf der Wasserfläche schwimmen, in den umliegenden Feuchtwiesen nach Nahrung. Auf vielen Aussichtsplattformen, Stegen und Erlebnispfaden können wir den See- oder Fischadler, den Wasserbüffel oder Laubfrosch sowie Kibitze oder Fledermäuse beobachten.

Du kannst die Wellen nicht aufhalten, aber du kannst lernen zu surfen.

Jon Kabat-Zinn

Tipp

ZARTE SCHÖNHEIT

In der Schmetterlingsfarm können wir über 400 tropische Schmetterlinge inmitten eines naturnahen Biotops aus tropischen Pflanzen bestaunen. Fast direkt nebenan finden wir das interessante Fischerei- und Webermuseum.

↖ Meer und Natur erleben am größten See Niedersachsens – dem Steinhuder Meer

Ein Eldorado

Der See ist durch seine Größe und die vergleichsweise stetigen Windverhältnisse ideal für Wassersportarten wie Wind- und Kitesurfen, Segeln, Kanufahren und Stand-up-Paddeln. Wir leihen uns vor Ort ein Tretboot aus, erkunden das Naturidyll mit dem Fahrrad oder zu Fuß. Es gibt eine Vielzahl an ausgewiesenen Rundwegen, Pfaden und Routen mit unterschiedlichen Längen. Der 5,1 Kilometer lange Moorpfad östlich von Mardorf oder der 6,3 Kilometer reichende Dünen-

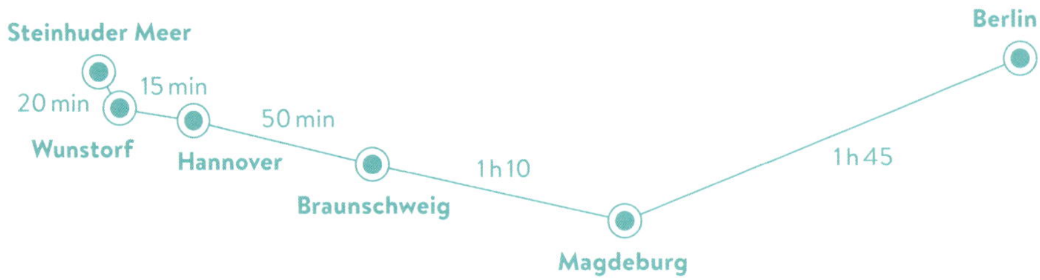

und Strandpfad durch Mardorf sind ideale Wanderwege. Südlich des Sees folgen wir dem Rundweg Steinhude-Großenheidorn. Ein Teil dieses fast 13 Kilometer messenden Weges führt uns entlang der Steinhuder Meer-Bahn, der ehemaligen Kleinbahn am Steinhuder Meer, und der anliegenden Landkreise Schaumburg(-Lippe) und Nienburg. Wer eine gute Ausdauer hat, nimmt sich den 32 Kilometer langen Rundweg um den See vor. Er führt an den Meerbruchswiesen am Westufer, dem Toten Moor im Nordosten sowie den nördlich des Sees gelegenen Dünen und Erlenwäldern vorbei. Schneller geht's natürlich mit dem Fahrrad. Konditionsstarke Radler fahren die 72-Kilometer-Radroute »Kirchen und Klöster«. Auf ihrem Verlauf steuern wir insgesamt 13 Bauten rund um den See und im Leinetal an. Mit größeren Kindern klappt die knapp 27 Kilometer lange »Dino-Tour«. Dabei machen wir an acht Stationen halt, an denen wir etwas zum Anschauen, Lernen und Anfassen entdecken. Die historisch interessante künstliche Insel »Wilhelmsstein« mit der Miniaturfestung aus dem 18. Jahrhundert ist ebenfalls einen Besuch wert. Die sternförmige Zitadelle diente ihrer Zeit als Militärschule und bis ins 19. Jahrhundert als Staatsgefängnis der Grafschaft. Heute befinden sich hier das Festungsmuseum und die Informationsstelle des Naturparks.

Bei schönem Wetter machen wir Rast an einem der zwei Badestrände. Im Süden gibt es die künstlich angelegte Badeinsel

↗ Klassische historische Barn (Scheune) in Steinhude
← Sonnenaufgang im Moorwald im Norden des Sees

Steinhude, auf die man vom gleichnamigen Ort zu Fuß über eine 80 Meter lange Brücke gelangt. Wegen des flachen Einstiegs ist der große Sandstrand vor allem für kleine Kinder geeignet. Im Norden in Mardorf liegt die »Weiße Düne«. Der Badestrand ist ebenfalls familientauglich. Während die Kleinen mit der Schaufel den Sandstrand umgraben oder sich auf dem Spielplatz austoben, spielen wir ein Match auf der Beachvolleyballanlage. Übrigens ist das Wasser des Sees immer trüb. Denn der über den See streichende Wind sorgt dafür, dass das Wasser den Seegrund des maximal 2,90 Meter tiefen Gewässers aufwirbelt.

Info

Geeignet als langes Wochenende und Urlaub.

ANREISE

Ab Berlin in etwas über 5,5 Std. mit vier Umstiegen in Magdeburg (siehe Route 5), Braunschweig, Hannover und Wunstorf.

UMGEBUNG

In 50 Min. sind wir in Hannover. In der grünen Stadt folgen wir dem »Roten Faden«, einem barrierefreien touristischen Leitsystem, das uns 4,2 km entlang von 36 Sehenswürdigkeiten führt. Dabei geht es aber nicht um den berühmten Maschsee oder die grüne Eilenriede. Der Weg zeigt uns, was Hannover noch zu bieten hat. Natürlich sind das Opernhaus, das Leineschloss, das Rathaus und die Marktkirche dabei. Wer trotzdem den Maschsee bewundern möchte, der hängt noch einen 45-min. Abstecher dran.

AB BERLIN

BIS BAYREUTH

15 »W« wie weltberühmtes Bayreuth

Viel mehr als nur Wagnerstadt

Mythischer Ort, Musikmanufaktur und Universitätsstadt, die jederzeit eine Reise wert ist. Denn die fränkische Kulturmetropole zählt zu den schönsten Städten in Bayern.

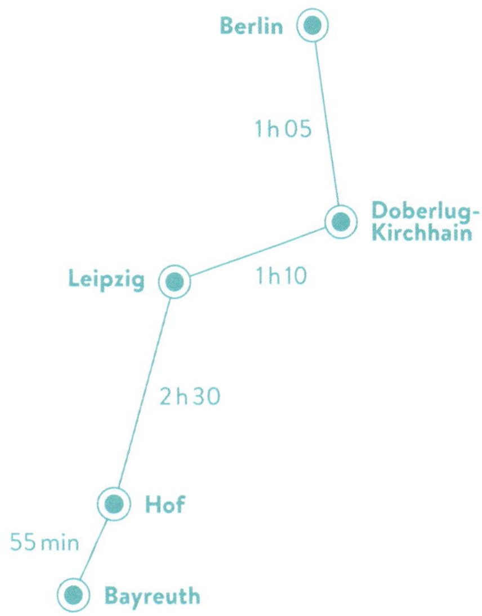

Ob man nur ein paar Stunden, einen, zwei oder mehr Tage Zeit hat – Bayreuth ist zu jeder Jahreszeit eine Reise wert. Denn Bayreuth steht für viele Ws und hat sehr viel zu bieten.

Unser erstes W steht natürlich für Wagner. Jedes Jahr schaut während der Richard-Wagner-Festspiele die ganze Welt auf Bayreuth. Kein Wunder, bei 60.000 Besuchern und drei Jahren Wartezeit auf eine der begehrten Karten. Bis dahin kann man sich die Zeit herrlich im Richard Wagner Museum und im Haus Wahnfried vertreiben. Denn es ist das Haus, in dem er gelebt hat und in dessen Garten er auch begraben wurde. So beherbergt das Museum u. a. ein »Lebendes Buch®«. Es ist eine einzigartige interaktive Partitur, die uns die kompositorischen Werke Wagners verstehen lässt. Einfach wunderbar. Empfehlenswert ist eine Führung, danach sollte man aber noch Zeit zum Verweilen und Stöbern einplanen.

Oder wir begeben uns auf den sogenannten Walk of Wagner, der in Anlehnung an den berühmten Walk of Fame in Hollywood angelegt wurde. Er verbindet Wagners Wohnhaus Wahnfried mit dem Festspielhaus auf dem Grünen Hügel. Entlang der authentischen Wagner-Stätten erfahren wir auf 19 Betonkuben mit Wagner-Plastiken und unterhaltsamen Texten mehr über den Meister. Aber auch andere berühmte Persönlichkeiten, die großen Einfluss auf Wagner ausgeübt hatten, wie Gottfried Semper, Siddharta Gautama, E.T.A. Hoffmann, Shakespeare oder Karl Marx, kommen nicht zu kurz. Eine Broschüre zum Walk of Wagner bekommen wir übrigens bei der Tourist-Information Bayreuth.

Das Markgräfliche Opernhaus war der Grund, warum Richard Wagner nach Bayreuth kam. 2012 zum UNESCO-Weltkulturerbe ernannt, zählt es zu den schönsten Barocktheatern der Welt. Errichtet wurde es als Geschenk für die Tochter von der außergewöhnlichen Wilhelmine (dem nächsten W) und dem Marktgrafen Friedrich. Wilhelmine schrieb eigene Opern, philosophierte mit Voltaire und hinterließ noch andere bedeutende Sehenswürdigkeiten. Darunter sind beispielsweise die Ermitage mit dem eindrucksvollsten Barockgarten Deutschlands zu nennen, das Neue Schloss mit dem Rokoko-, Garten- und Palmenzimmer sowie dem Hofgarten, dazu das Alte Schloss mit der Schlosskirche und dem achteckigen Schlossturm,

← Die Eremitage beheimatet eine historische Parkanlage mit Wasserspielen und einzigartigen Bauwerken.

in dem man früher sogar mit dem Pferd nach oben reiten konnte, aber auch die Orangerie am Sonnentempel mit ihren Grotten und Wasserspielen. In 18 Minuten per Bus erreichen wir in Eckersdorf ihr Schloss und Park Fantaisie, das heute ein Gartenmuseum ist. Etwas weiter außerhalb liegt in Wonnsees ihr Felsengarten Sanspareil und die Burg Zwernitz. Nach Wonnsees benötigen wir per Bus etwas über eine Stunde. Nach einem Besuch der Burg Zwernitz, die seit 1290 im Besitz der Hohenzollern ist, beginnen wir unseren Spaziergang durch den verwunschenen Felsengarten. Wir folgen den Wegweisern und erreichen den Morgenländischen Bau mit seiner anmutenden orientalischen Architektur – ein bisschen wie die Ermitage. Im Felsengarten erwarten uns kuriose Felsformationen, die Regenschirm, Mentorgrotte oder Grüner Tisch heißen, und das Felsentheater – eine beeindruckende Mischung aus Grotte und Ruine. Im Sommer ist es ein Schauplatz für Aufführungen. Von hier aus machen wir einen knapp 30-minütigen Abstecher zur Sibyllen- und zur

Tipp

DURCH DIE WELT

Im eintrittsfreien Ökologisch-Botanischen Garten der Universität wandern wir über Pfade innerhalb einer Stunde von Nordamerika bis nach Asien, über den Himalaya nach Nepal und durch die Tropen wieder zurück. Ein Highlight sowohl im Nebelwald als auch in der Steppe.

Die Freude liegt nicht in Dingen, sie liegt in uns.

Richard Wagner

↑ Marktgräfin Wilhelmine kümmerte sich leidenschaftlich um das Kulturleben der Stadt.
↙ Der berühmte Komponist Richard Wagner scheint auf seine Schöpfung, das Festspielhaus, zu blicken.

Äolusgrotte oder gehen gleich vom Naturtheater durch die Dianagrotte und einen romantischen Buchenwald hinauf zum Belvederefelsen.
Zudem wird in Bayreuth Wellness großgeschrieben und man kann sich in der Lohengrin Therme verwöhnen lassen.
Natürlich darf in Bayreuth ein W für Weizen und Wurst nicht fehlen. Denn in der Region gibt es eine riesige Bäckerei- und Metzgereidichte sowie mit über 200 Brauereien die höchste Brauereidichte der Welt. Wunderbar sind weiterhin der Botanische Garten, die barocke Spitalkirche, die Stadtkirche mit der höchsten Brücke Bayreuths (sie verbindet die beiden Türme der Kirche), ein Spaziergang in der Innenstadt oder der Panaromablick von der Dachterrasse des Neuen Rathauses. Von hier haben wir einen Weitblick bis ins Fichtelgebirge und zu den Ausläufern der Fränkischen Schweiz.

Info

Geeignet als Wochenendtrip und Urlaub.

ANREISE

Ab Berlin in etwas über 6 Std. mit drei Umstiegen in Doberlug-Kirchhain, Leipzig und Hof.

UMGEBUNG

In etwas über 1 Std. mit einem Umstieg in Pegnitz sind wir in Tüchersfeld. Es gehört zu Pottenstein und liegt an der Burgenstraße (»Romantisches Franken«) in der Fränkischen Schweiz. Aufgrund seiner markanten Felsen und der herausragenden Lage der Fachwerkhäuser wird es auch als Felsendorf bezeichnet. Sehenswert sind neben der Felsburg die Burgruine Judenhof mit dem Fränkische-Schweiz-Museum und die Tüchersfelder Kirche. In Pottenstein lohnen sich die gleichnamige Burg mit ihrer 1.000-jährigen Geschichte und die Pottensteiner Teufelshöhle sowie die lokalen Brauereien.

AB LEIPZIG

BIS WAREN (MÜRITZ)

16 Lebendiges Waren an der Müritz

Im Herzen der Mecklenburgischen Seenplatte

Direkt am Ufer der Müritz liegt Waren. Die charmante Stadt in herrlicher Natur ist der ideale Ausgangsort, um das Land der tausend Seen zu erkunden.

Waren liegt an der Müritz, dem größten Binnensee und zusammenhängenden Seengebiet Deutschlands. Die Müritz bietet vor allem im Sommer Urlaubsfeeling pur, fühlen wir uns dort doch fast wie am Meer. Seit einigen Jahren trägt die Stadt zudem das Prädikat »staatlich anerkanntes Heilbad«. Dies hat sie der Thermalsole zu verdanken, die aus einer Tiefe von 1.550 Metern gefördert und zu therapeutischen Zwecken eingesetzt wird. Übrigens heißt die Müritz tatsächlich so — wer sie Müritzsee nennt, verwechselt sie mit einem anderen See in der Nähe. Dieser liegt bei Buchholz und ist über den Müritzarm mit der Kleinen Müritz verbunden, die wiederum Zugang zur Müritz selbst hat.
Die Stadt liegt auf einer schmalen Landzunge und ist von drei Seen umgeben. Sie besitzt eine malerische Altstadt mit zahlreichen Bauwerken aus früheren Jahrhunderten. So wie die Kirche St. Marien, dem in Teilen ältesten erhaltenen Gebäude. Wenn wir die 176 Stufen ihres Turms erklimmen, genießen wir einen traumhaften Rundumblick. Auch die Georgen- und Heilig-Kreuz-Kirche besichtigen wir, bevor wir den Neuer Markt erreichen. Hier stehen einige

Tipp

NATIONALPARK

Es gibt einen Nationalpark-Bus (Nationalparklinie 009 und 010), den man mit einer gültigen Gästekarte gratis nutzen kann. Gegen einen Aufpreis kommt auch das Fahrrad mit.

↑ Das Soleheilbad Müritz bietet die perfekte Mischung aus Natur, Kultur und Gesundheit.

schöne Häuser und das Neue Rathaus mit dem Stadtgeschichtlichen Museum. Obwohl der Name etwas anderes vermittelt, wurde es Ende des 18. Jahrhunderts erbaut. Auf der Rückseite entdecken wir noch ein Einschussloch vom sogenannten Kapp-Putsch im Jahr 1920, das als Mahnmal dienen soll. Der Marktbrunnen ist optisch sehr interessant und im Haus des Gastes, einem denkmalgeschützten Fachwerkhaus, ist heute die Tourist-Info beheimatet. Das Alte Rathaus ist das älteste weltliche Gebäude in der Stadt.

Freizeitkapitäne aufgepasst

Am Stadthafen liegen zahlreiche Boote vor Anker, die auch teilweise verchartert werden. So können wir bummeln und uns entspannen, den ein- und ausfahren-

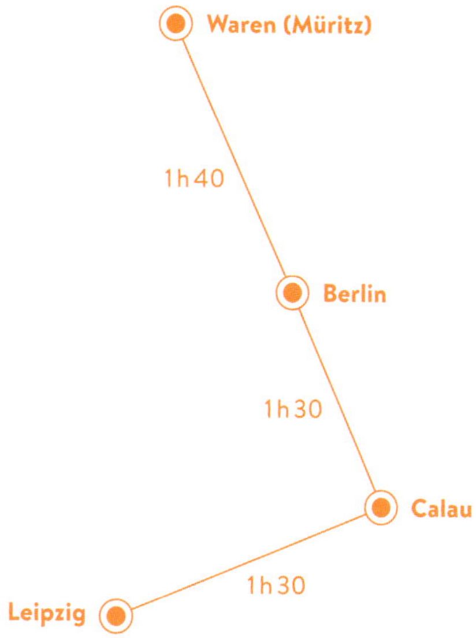

den Schiffen zusehen, mit einem der Fahrgastschiffe auf die Müritz ablegen oder zum Freizeitkapitän werden. An der Uferpromenade starten verschiedene Fahrten über die Müritz und die umliegenden Gewässer. Die Touren reichen von einstündigen Kurzfahrten bis zu ganztägigen Ausflügen mit Landgängen. Selbstverständlich kann man sich auch sportlich vergnügen. Ob Windsurfen, Kanufahren, Stand-up-Paddeln oder Segeln – auf der Müritz ist mit Sicherheit für jeden etwas dabei.

Die Leidenschaft des Reisens ist das weiseste Laster, welches die Erde kennt.

Bruno H. Bürgel

Ein Muss ist das Müritzeum, ein multimediales Natur-Erlebnis-Zentrum. Es präsentiert unterhaltsam und interaktiv das faszinierende Land um die Müritz und ist sozusagen das Schaufenster in den Müritz-Nationalpark. Es ist mit dem Rollstuhl oder Kinderwagen mühelos zu befahren. Zu den Attraktionen der Anlage – eine Ergänzung zum Deutschen Meeresmuseum in Stralsund – gehört ein 60 Zentimeter langer Fisch: der Goldhecht, ein Albino und eine Seltenheit. Das Müritzeum ist auf jeden Fall spannender als jeder Biologie-Unterricht.

Der Müritz-Nationalpark ist übrigens der größte terrestrische Nationalpark Deutschlands und das Highlight der gesamten Umgebung. Hier hat die Natur zu jeder Jahreszeit ihre Reize und etwas Besonderes zu bieten. Die gut ausgebauten Wander- und Fahrradwege laden uns zum ausgiebigen Erkunden, Beobachten und Verweilen ein. So erreichen wir in nur wenigen Minuten naturbelassene Wälder, Wiesen und Seen. Besonders empfehlenswert ist das Ostufer der Müritz mit dem kristallklaren Wasser, flachen sandigen Stränden, der unberührten Natur sowie der artenreichen Tier- und Pflanzenwelt. Vom Stadthafen gelangen wir zu Fuß oder mit dem Rad entlang des Feisnecksees in die Warener Stadtforst-Tannen und zu weiteren malerischen Seen. Eine besondere Sehenswürdigkeit ist außerdem der Damerower Werder, eine Halbinsel mit einem Wisentgehege, auf der man die Tiere aus nächster Nähe beobachten kann.
Nicht weit entfernt vom Warener Bahnhof steigen wir dann noch auf die Draisine. Auf dem »Fahrrad auf Gleisen« erkunden wir mal etwas anders die Gegend. Unterwegs können wir aussteigen, und falls wir überholen wollen: einfach die Draisine tauschen.
Für weitere Abwechslung sorgt unser Ausflug in den Bärenwald Müritz. In der Einrichtung finden Bären aus schlechter Haltung ein tiergerechtes neues Zuhause.

↑ Im Naturpark Müritz gehört die Natur der Natur.
↙ Der Hafen von Müritz mit vielen tollen Booten

Info

Geeignet als Wochenendtrip und Urlaub.

ANREISE

Ab Leipzig in 5 Std. 16 Min. mit zwei Umstiegen in Calau und Berlin.

UMGEBUNG

In knapp 1 Std. mit einem Umstieg in Neustrelitz erreichen wir Neubrandenburg, die »Stadt der vier Tore«. Mit ihren trutzigen Backsteinbauten und den mächtigen Toren, der fast vollständig erhaltenen mittelalterlichen Wehranlage, dem Franziskanerkloster sowie der Konzertkirche St. Marien, von deren Turm aus wir einen sagenhaften Weitblick haben, lässt die Stadt kaum kulturelle Wünsche offen. Sie liegt am Tollensesee und ist zudem ein guter Ausgangspunkt für maritime Abenteuer. Ein knapp 35 km langer Radrundweg schlängelt sich rund um Neubrandenburg.

AB LEIPZIG

BIS BERCHTESGADEN

17 Zauberhaftes Berchtesgaden

Hoch, wild, schön mit Königsblick

Imposante Berge, wunderschöne Bergseen, saftige Almwiesen und urbayerische Gemütlichkeit – ein Highlight jagt das andere.

Als Marktgemeinde ist Berchtesgaden komplett von den Alpen umgeben und erstreckt sich auf einer Höhe von 500 bis über 1.000 Metern in einer absolut traumhaften Kulisse. Die bezaubernde, vielfältige Alpenregion mit dem Nationalpark und all ihren Facetten wie den imposanten Bergen, idyllischen Tälern, eiskalten Seen, der alpinen Tier- und Pflanzenwelt, traditionellen Festen und kulinarischen Highlights ist für jeden von uns ein absolutes Muss.

Früher war der Ort sogar ein reichsunmittelbares geistliches Fürstentum, das eine ungewöhnlich gute militärische Verteidigung hatte. Das konnte er sich aufgrund der reichen Einkünfte aus der Salzgewinnung auch leisten. Auch heute trägt die Salzgewinnung zum Wohlstand des Berchtesgadener Landes bei, denn es ist der größte Arbeitgeber der Gemeinde. So kommen wir an einem Besuch im Salzbergwerk nicht vorbei. Die Schutzkleidung, die wir vor dem Abstieg erhalten, vermittelt uns gleich das richtige Berg-Feeling. Zunächst geht es mit der Stollenbahn weit in den Berg hinein, bevor uns zwei Rutschen noch tiefer in den Untergrund befördern. Den faszinierend ausgeleuchteten Spiegelsee überqueren wir mit einem Boot und am Ende können wir im Salzshop alles erwerben, was mit Salz zu tun hat.

Der smaragdgrüne Königssee gehört zu den Top-Sehenswürdigkeiten im Berchtesgadener Land. Mit der Wallfahrtskirche St. Bartholomä ist er das bekannteste

→ Der Watzmann: schönster Berg der Welt – sagenumwoben und gefährlich zugleich.

Postkartenmotiv der Region. Der malerische Gebirgssee ist an einigen Stellen fast 200 Meter tief. Ein absolutes Muss ist die Bootsfahrt zur Kirche St. Bartholomä, während der wir an den imposant aus dem Wasser ragenden Felswänden vorbeifahren. Hier sind die Trompeter ein Erlebnis, die das Echo ihrer Musikinstrumente ertönen lassen. Übrigens ist die Halbinsel mit der Wallfahrtskirche nur per Boot zu erreichen. Wer will, wandert anschließend entlang auf der Insel im Schatten der Watzmann-Ostwand.
Von der Kirche St. Bartholomä geht es noch weiter zur Anlegestelle Saletalm-Obersee und dort machen wir noch einen kurzen Spaziergang zum idyllischen Obersee, dem kleinen Bruder des Königssees. Einst waren die beiden Gewässer sogar miteinander verbunden.

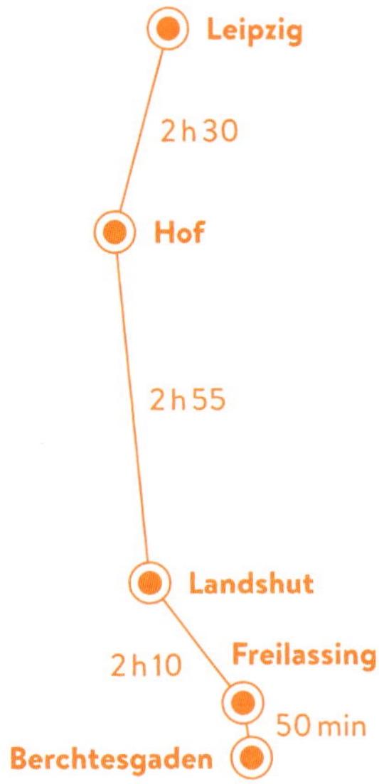

Hauptattraktion Natur

Hoch, wild, schön – kreisende Steinadler, außergewöhnliche Landschaft und leuchtend blauer Enzian. Und der Schicksalsberg »König« Watzmann thront über dem Berchtesgadener Talkessel und blickt hinab auf sein Reich: den Nationalpark Berchtesgaden. Im einzigen Alpen-Nationalpark Deutschlands finden zahlreiche seltene Tiere und Pflanzen ein Zuhause, denn seit 1978 steht im Nationalpark Berchtesgaden der Schutz der Natur im Vordergrund. Die dafür eingerichtete Schutzzone mit circa 21.000 Hektar ist ein unberührter Fleck Natur, in den der Mensch in den Hintergrund tritt und auch nicht eingreift. So konnte sich eine einzigartige Tier- und Pflanzenwelt ihren Platz in den Berchtes-

↗ Wildromantisch und beeindruckend: die Wimbachklamm
← Wandern zu den vielen tollen Almen und Gipfeln in Berchtesgaden

gadener Bergen zurückerobern. So kann man sagen: die wirkliche Hauptattraktion in der Region ist ganz klar die Natur. Auf 260 Kilometern gut ausgebauten Wanderwegen sowie alpinen Steigen dürfen wir uns in der ungezähmten Landschaft bewegen und beginnen mit einer ca. dreistündigen Wanderung durch das Wimbachtal. Der Weg führt uns durch die 200 Meter lange, eindrucksvoll tosende Wimbachklamm, die zu Füßen des Watzmanns mit seinem gewaltigen Schuttstrom, dem berühmten »Gries«, liegt. Übrigens wurde damals der erste Steg der Klamm von Ramsauer Holzknechten zur Holztrift für die Saline angelegt. Entlang am mächtigen Wimbachgries gelangen wir so zum Wimbachschloss – dem ehemaligen Jagdschloss von Prinzregent Luitpold – und weiter zur Wimbachgrieshütte. Und es stimmt: Die Wanderung durch die Wimbachklamm ist zu Recht einer von Bayerns schönsten Wanderwegen!
Wer es nicht so sportlich mag, der fährt mit der komfortablen 10er-Kabinenbahn auf den Jenner. Am Gipfel öffnet sich uns der einzigartige »Königsblick«: eine herrliche Aussicht auf den Königssee, den Watzmann und in große Teile des Nationalparks! Wir nehmen uns Zeit für die offizielle Informationsstelle des National-

Tipp

NATURERLEBNIS

Wer auf der Suche nach dem ultimativen Naturerlebnis ist, bekommt dies bei einer »Toni Wegscheider«-Wildtier-Führung. Er bringt uns an Orte, an denen wir Steinadler, Bartgeier, Auerhähne, Steinböcke, Gämse und Murmeltiere erleben.

parks »Das ist der Gipfel«, die sich oben an der Bergstation befindet. Interaktiv erfahren wir auf humorvolle Weise, wie es Tiere und Pflanzen schaffen, unter den schwierigen Bedingungen zu überleben und dass der Mensch in dieser einmaligen Gebirgslandschaft nur Gast ist. Nach unserem Rundgang am Gipfel steigen wir bei unserer Talfahrt an der Mittelstation aus und nehmen den 45-minütigen Speicherteich-Rundweg hinunter zum großen Speicherteich.
Mit dem Alm-Erlebnisbus geht es durch das Klausbachtal hinauf zum Hirschbichlpass. Unsere Talwanderung führt uns dabei über die Bindalm, vorbei an der Nationalpark-Infostelle Engert und über die neue, spektakuläre Hängebrücke. Die elegante, 51 Meter lange architektonische Attraktion ist in elf Metern Höhe und hat eine Tragkraft von 400 Personen! Unsere Tour endet mit einem Besuch der Nationalpark-Infostelle Hintersee mit ihrem Naturerlebnisgelände.

> *Wen Gott liebt, den lässt er fallen in diesem Land.*
>
> **Ludwig Ganghofer**

Ort der Erinnerung

Unser nächstes Ziel steht im Zeichen der Geschichte: die Besichtigung der Dokumentationsstelle zur Geschichte des Dritten Reiches am Obersalzberg. Informativ und objektiv schildert die multimediale Ausstellung die Geschichte von Adolf Hitlers »Zweitresidenz«. Von den oberirdischen Bauten ist heute nichts mehr zu sehen, aber ein Teil des Bunkersystems kann noch besichtigt werden. (Achtung: Der Obersalzberg ist voraussichtlich bis Herbst 2023 wegen Umbaus geschlossen!) Anschließend fahren wir mit dem Bus die spektakuläre Bergstraße zum Bergrestaurant »Kehlsteinhaus«, dem ehemaligen Machtsymbol des NS-Regimes. Weiter geht es mit dem Aufzug im Inneren des Obersalzbergs, der uns in 41 Sekunden 124 Meter höher auf insgesamt 1.834 Meter Höhe bringt. Er ist in einen mit Naturstein ausgeschlagenen Tunnel eingebaut worden, um das Kehlsteinhaus bequem zu erreichen. Bei

200 Kilometern Fernsicht klettern wir auch noch die angrenzende Felsformation hinauf.

Nostalgie auf Bairisch erfahren wir im Sole-Kurort Bad Reichenhall. Dort fahren wir mit der ältesten noch im Originalzustand erhaltenen Seilbahn der Welt. Die »Grande Dame der Alpen« fährt uns auf einer Strecke von 2,5 Kilometern hinauf auf den 1.614 Meter hohen Predigtstuhl. Dort genießen wir einen traumhaften Ausblick auf Bad Reichenhall und die umliegende Bergwelt. Übrigens ist die Alte Saline in Bad Reichenhall eine tolle Ergänzung zum Bergwerk Berchtesgaden. Eine Führung durch das unter Denkmalschutz stehende Industriedenkmal ist ein weiteres Highlight. Unter der Erde sprudeln in dem weitverzweigten Stollensystem weiterhin die Solequellen, die wir im Rahmen einer spannenden Führung anschauen. Über Tage wiederum drehen sich seit dem Jahr 1850 ununterbrochen die riesigen Wasserräder.

Rund um Berchtesgaden laden uns an vielen Ecken malerische Berghütten, traditionell bewirtschaftete Almen und urige Gasthäuser zur Einkehr ein. Während wir den Blick über Watzmann, Hochkalter und Reiteralpe schweifen lassen, zergehen uns regionale Schmankerl in urbayerischer Gemütlichkeit auf der Zunge.

↑ Pfarrkirche St. Sebastian im Dorf Ramsau
↙ Das legendäre Adlernest oder Kehlsteinhaus

Info

Geeignet als Urlaubsreise.

ANREISE

Ab Leipzig in 9,5 Std. mit drei Umstiegen in Hof, Landshut und Freilassing.

UMGEBUNG

In 45 Min. sind wir direkt in der Mozartstadt Salzburg. Zu den absoluten Top-Sehenswürdigkeiten gehören natürlich die Festung Hohensalzburg, Schloss Mirabell, die Erzabtei St. Peter und der Salzburger Dom. Wir besichtigen die Märchenschlösser, bestaunen wasserspeiende Einhörner, barocke Prunkbauten, die kleinen engen Gassen der Altstadt und Kuckucksuhren. Im Hintergrund genießen wir die verschneiten Berggipfel, bewundern Mozarts Geburtshaus und probieren Mozartkugeln. Wahrscheinlich ist die Stadt als grenznahe Verbindung im Ticket integriert. Bitte vor der Fahrt überprüfen.

AB LEIPZIG

BIS HANN. MÜNDEN

18 Idyllisches Hann. Münden

Drei Flüsse, viel Fachwerk und ein Welfenschloss

»Wo Werra sich und Fulda küssen« … Hier vereinen sich die beiden Flüsse zur Weser und markieren den Beginn des Weserberglandes.

Alexander von Humboldt soll im Zusammenhang mit Hann. Münden von einer der sieben schönstgelegenen Städte der Welt gesprochen haben. Und es stimmt: Die Lage an den drei Flüssen Werra, Fulda und Weser und die unmittelbare Natur mit vielen Wanderwegen machen einen Aufenthalt zu etwas Besonderem. Offiziell heißt die Stadt seit 1991 »Hann. Münden«. Davor wurde sie nur unter »Münden« geführt. Daher nennen sich die Einheimischen auch weiterhin »Mündener«. Wahrscheinlich ist der Name »Hannoversch Münden« auch bekannt. Das ist allerdings nur eine umgangssprachliche Variante.
Unsere erste Station ist die Altstadt mit ihren über 700 Fachwerkhäusern aus sechs verschiedenen Jahrhunderten. Um es mal einfacher zu formulieren: Hinter jeder Ecke lauern ein »Oh wow!«-Moment und ein schönes Fotomotiv. Die restaurierten und ansehnlich hergerichteten Fachwerkhäuser bilden ein unglaublich pittoreskes Ensemble, das wir entweder auf eigene Faust oder im Zuge einer Stadtführung entdecken, wenn wir durch die verwinkelten Fachwerkhaus-Straßen der Altstadt schlendern. Für die schönsten dieser Art sollten wir in der Sydekumstraße, am Kirchplatz an der St.-Blasius-Kirche, in der Langen (Höhe St. Blasiuskirche) und in der Ziegelstraße sowie hinter der Stadtmauer und am Kasseler Schlagd vorbeischauen.
Themenstadtführungen bietet die Stadt in über 40 verschiedenen Varianten an, einige mehr geeignet für Kinder, andere eher passend für Erwachsene. Durch diese nicht so klassischen Führungen erleben wir die Stadt auf eine ganz eigene Weise, je nach Thema. Man lernt viel über die Mündener Geschichte, entdeckt Baukunst an ihren Originalschauplätzen und erlebt die erzählten Anekdoten hautnah mit. Ein wirklich unvergessliches Erlebnis.

Weserrenaissance

Mitten in der Altstadt entdecken wir das Rathaus. Es wurde ursprünglich im 14. Jahrhundert erbaut. Seine imposante Fassade im Stil der Weserrenaissance hat es jedoch erst etwa 300 Jahre später erhalten und symbolisiert anschaulich den damaligen Reichtum der Stadt. Besonders sehenswert sind das auffällige Portal mit den gelben Doppelsäulen und dem Stadtwappen sowie das zweigeschossige Utlucht (Erker). An seiner Vorderseite, über dem prächtigen Eingangsbereich, befindet sich ein Glockenspiel. Es zeigt täglich um 12, 15 und 17 Uhr Szenen aus dem Leben von Doktor Eisenbarth. Wer die Möglichkeit hat, sollte sich in der ersten Etage den gotischen Saalbau anschauen. Dort wurden vor vielen Hunderten von Jahren wohl rauschende Feste gefeiert.

↗ Wunderschön verziertes Portal des Rathauses im Stil der Weserrenaissance
← Toller Blick über die Werra auf Hann. Münden

Die gefährlichste Weltanschauung ist die Weltanschauung derer, die die Welt nie angeschaut haben.

Alexander von Humboldt

Natürlich lassen wir uns einen Besuch des Welfenschlosses nicht entgehen. Das Schloss liegt an der Werra und den besten Blick erhascht man von der Alten Werrabrücke. Erbaut wurde es ab dem Jahr 1501 von Herzog Erich I. von Lüneburg-Braunschweig. Nach einem Brand im Jahr 1560 wurde es im Stil der Weserrenaissance wiederaufgebaut. Leider verfiel es zusehends in den kommenden Jahren, da die welfischen Landesherren es selten als Aufenthaltsort nutzten und der Dreißigjährige Krieg dem Schloss den Rest gab. Später diente es als Kaserne und Kornspeicher. Heute ist es Sitz öffentlicher Einrichtungen, aber wir können im Rahmen einer Führung zwei original erhaltene Renaissancegemächer besichtigen. Blickfang sind in jedem Fall die flächendeckenden Wandmalereien, die in dieser Form einzigartig in Deutschland sind.

Die »Drei-Flüsse-Stadt« ist neben dem beachtlichen Fachwerkhäuser-Ensemble vor allem für die Entstehung des Flusses Weser berühmt. Der Weserstein, der diesen Ort markiert, steht unweit der Altstadt. Allerdings ist der »Fluss Kuss« auf der gegenüberliegenden Seite – beispielsweise auf der Brücke B80 – besser zu erkennen. Die Stadt lässt sich aber nicht nur zu Fuß, sondern auch per Schiff entdecken. Dabei bekommen wir noch einmal einen anderen Blick auf Hann. Münden, denn sie ist unwahrscheinlich grün. Umringt von Wäldern und Grünflächen, können wir aus der Stadt zu vielen Wan-

Tipp

FACHWERK5ECK

Fachwerkstädte gibt es in Deutschland einige. Aber fünf sehenswerte, die in der gleichen Region so nah nebeneinanderliegen, das ist wohl eher selten. So bilden die Fachwerkstädte Duderstadt, Einbeck, Northeim, Hann. Münden und Osterode am Harz das sogenannten Fachwerk5Eck.

↗ Der historische Marktplatz ist umgeben von wunderschönen Fachwerkhäusern.
← Hier entsteht die Weser.

derungen oder Radtouren aufbrechen. Von der Tillyschanze, einem 25 Meter hohen Aussichtsturm, haben wir einen grandiosen Rundumblick. Sie ist in 30 Minuten zu Fuß von der historischen Altstadt erreichbar.

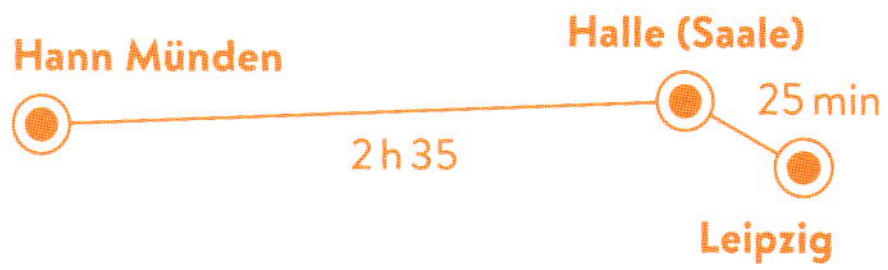

Info

Geeignet als Tages- und Wochenendtrip.

ANREISE

Ab Leipzig zu erreichen in 3,15 Std. mit einem Umstieg in Halle (Saale).

UMGEBUNG

In 20 Min. erreichen wir die Märchenstadt Kassel. Hier entdecken wir die Grimmwelt, besichtigen das UNESCO-Weltkulturerbe Schloss und Bergpark Wilhelmshöhe mit seinen einzigartigen Wasserspielen, besuchen die Blumeninsel Siebenbergen, begegnen Mammuts, Dinos und Höhlenbären im Naturkundemuseum im Ottoneum, finden den Kasseler Erdkilometer, bewundern den Park und das Schloss Wilhelmsthal, bestaunen die Löwenburg und lassen uns von den weitläufigen barocken Gärten und der Orangerie verzaubern.

AB LEIPZIG

BIS GOSLAR

19 Goslar – »Berühmtester Wohnsitz des Reiches«

Kaiserstadt, Kaiserpfalz, Kaiserworth, Kaiserringhaus

Goslar ist geprägt von 47 Kirchen- und Kapellentürmen, malerischen Fachwerkhäusern, majestätischen Bauwerken und der magischen Harzer Natur.

Der ehemalige Bergbauort Goslar in Niedersachsen gehört zu den schönsten deutschen Städten. Kein Wunder, dass Teile der Kaiserstadt zum UNESCO-Weltkulturerbe erklärt wurden. So nannte der Geschichtsschreiber Lampert von Hersfeld die Kaiserpfalz den »berühmtesten Wohnsitz des Reiches«. Zentraler Bau der weitreichenden Anlage ist das Kaiserhaus. Dieses beherbergt den Kaisersaal, der uns durch seine Größe und die imposanten Historiengemälde aus dem 19. Jahrhundert begeistert. Sie bedecken alle Wandflächen und erzählen die Geschichte des mittelalterlichen Kaiserreiches. Im Untergeschoss der Pfalzkapelle St. Ulrich soll sich unter der Grabplatte Heinrichs III. das Herz des Bauherren der Kaiserpfalz befinden. Man sagt, weil sein Herz laut einer mittelalterlichen Chronik »stets in Goslar weilte«.
In fußläufiger Nähe zur Kaiserpfalz besichtigen wir das Erzbergwerk auf dem Rammelsberg. Hier besuchen wir das Feuergezäher Gewölbe, bei dem es sich um Europas wahrscheinlich älteste unterirdische Minenkammer handelt. Wir machen noch einen Abstecher zum Maltermeisterturm, der das älteste oberirdische Gebäude einer deutschen Mine ist. Die Aussicht, die wir über Goslar genießen, ist unvergesslich.
Weiter geht's zum Marktplatz mit seinen vielen bedeutenden Gebäuden. Hier sticht uns besonders die Kaiserworth ins Auge. Das historische Gildehaus der Tuchhändler wurde 1494 erbaut. Neben

↑ Trutzig, mächtig und unverwechselbar: die Kaiserpfalz in Goslar

den Kaiserfiguren entdecken wir auf der reich verzierten Fassade auch den »Dukatenscheißer«, eines der inoffiziellen Wahrzeichen der Stadt. Sehenswert ist auch das schieferverkleidete Kaiserringhaus, das uns mit seinem Glockenspiel im Giebel begeistert. Viermal täglich (9, 12, 15 und 18 Uhr) erzählen Figuren in Bergmannstracht die Geschichte des Bergbaus am Rammelsberg. Sehenswert ist auch der alte Marktbrunnen.

Lebendige Gemälde

Das Highlight hier ist allerdings das Rathaus. Obwohl Mitte des 15. Jahrhunderts begonnen, wurde das Gebäude mehr als 400 Jahre lang immer wieder durch Anbauten vergrößert. Seine heutige Form verdankt es vor allem dem 16. Jahrhundert. Aus jener Zeit stammt auch der wunderschöne Huldigungssaal im Inneren, der als Ratssitzungssaal genutzt wurde: ein eindrucksvolles Beispiel spätgotischer Malerei, denn seine Wände, die Decke und die Fensternischen sind komplett mit lebendigen Gemälden verziert. Neben dem Rathaus finden wir die Marktkirche St. Cosmas und Damian, die uns mit ihren beiden 66 Meter hohen Türmen schon von Weitem auffällt. Bis 1904 befand sich dort die Türmerstube, von der ein Wächter die Stadt vor möglichen Bränden warnen sollte. Heute haben wir nach 232 Treppenstufen einen fantastischen Weitblick auf die restlichen

46 Türme der Kirchen und Kapellen. Gegenüber der Marktkirche entdecken wir das Brusttuch. Das Patrizierhaus verzaubert durch sein steiles Walmdach mit

Tipp

OKERTAL

Die Okertalsperre bei Altenau gehört zu den schönsten Ausflugszielen, die man in knapp 30 Min. erreicht. Felsbrocken im Flussbett, steile Hänge, schroffe Klippen und rundherum dichtes Grün machen Wandertouren hier zum Abenteuer. Allerdings benötigt man Trittsicherheit, um in die verwunschene Atmosphäre des Okertals einzutauchen.

Die Heimat des Abenteuers ist die Fremde.

Emil Gött

romantischen Erkerfenstern. Besonders die geschnitzten mythischen Figuren am Fachwerk des Obergeschosses faszinieren uns. Berühmt ist auch die »Butterhanne«, eine Magd, die mit einer Hand buttert und mit der anderen ihr Hinterteil entblößt, um ihre Butter vor Unheil und der benachbarten Figur des Teufels zu

schützen. Beim Siemenshaus handelt es sich um eines der am besten erhaltenen Bürgerhäuser, in dem ein Teil der Familie im Jahr 1847 das Weltunternehmen Siemens gründete.
Dann schlendern wir noch zum Breiten Tor. Es wurde 1443 errichtet und war im Mittelalter das größte und bedeutendste Stadttor Goslars. Von der Altstadt blitzschnell zu Fuß gelangen wir zum Blauen Haufen. In kaum mehr als 15 Gehminuten ist der zwischen Stadt und Rammelsberg gelegene Bereich über die Straße Am Stollen gut zu erreichen. Die Bezeichnung »Blauer Haufen« bezieht sich auf die Tatsache, dass hier ursprünglich bläulicher Schiefer zu sehen war. Dieser ist mittlerweile jedoch längst von Gras bedeckt, sodass der Blaue Haufen eher ein wunderschöner, sehr weitläufiger grüner Haufen ist. Mit einem kurzen und leichten Anstieg gleich dahinter erreichen wir den Maltermeisterturm, von dem wir einen tollen Ausblick über die Stadt und die vorgelagerten Wiesen genießen.

↑ Die historische Altstadt ist UNESCO-Weltkulturerbe.
↙ Das Gildehaus Kaiserworth steht seit dem Jahr 1484 am Marktplatz.

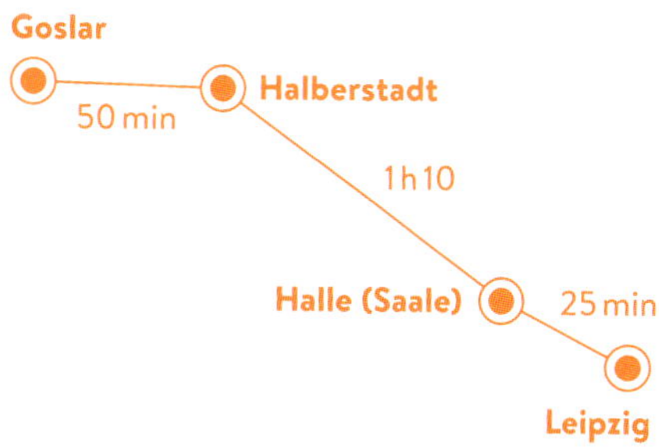

Info

Geeignet als Tages- und Wochenendtrip.

ANREISE
Ab Leipzig nach Goslar in 2,5 Std. mit zwei Umstiegen in Halle (Saale) und Halberstadt.

UMGEBUNG
In 1,25 Std. mit einem Umstieg in Halberstadt erreichen wir Quedlinburg. In der UNESCO-Weltkulturerbe-Stadt entdecken wir neben dem Marktplatz mit den Häusern der Kaufmanns- und Handwerksgilden das Rathaus, die gotisch-romanische Marktkirche, den Schlossberg mit der Stiftskirche, den Sternkieketurm und die Neustadt mit der St.-Nikolai-Kirche. Zum Wandern bietet sich die Teufelsmauer bei Weddersleben an. Wer Zeit und Lust hat, steigt in Halberstadt aus und besichtigt den Dom samt Domschatz, den größten Kirchenschatz außerhalb des Vatikans.

20 Umfassendes Flächendenkmal Görlitz

Görliwood, ein Abstecher nach Hollywood

Hier finden wir großartige historische Zeugnisse aus mehr als 500 Jahren europäischer Baugeschichte aus Renaissance, Barock, Jugendstil und Gründerzeit.

Viertausend Baudenkmäler tummeln sich innerhalb der Stadtgrenzen von Görlitz und bilden Deutschlands umfassendstes Flächendenkmal. Das beeindruckende Erscheinungsbild zieht auch immer wieder internationale Filmproduzenten an. So wurden in »Görliwood« viele Blockbuster gedreht wie »Grand Budapest Hotel«, »Inglorious Basterds«, »Der Vorleser« oder »In 80 Tagen um die Welt«.
Als wir mit dem Zug in Görlitz ankommen, stehen wir gleich in einer beeindruckenden Empfangshalle von 1907. Zehn Rundbogenfenster, mächtige Deckenleuchter und eine elegante Musterung der Decke sorgen für einen imposanten Anblick. Über die Berliner Straße gehen wir zum Postplatz – einem der zentralen Hauptplätze der Stadt und geprägt durch seinen Brunnen mit dem Namen »Muschelminna«. Weitere Hingucker sind das Postgebäude sowie das Amts- und Landgericht.
Dann spazieren wir zur Frauenkirche, die wir bereits von Weitem sehen. Fertiggestellt wurde die spätgotische Kirche 1473, die Turmhaube als barockes Element ergänzt. Innen und außen ist das Gebäude insgesamt sehr schlicht gehalten. Am Marienplatz bewundern wir das Görlitzer Warenhaus, dessen Vorbild das Berliner Kaufhaus Wertheim war. Leider ist das denkmalgeschützte Jugendstil-Bauwerk nicht mehr als Kaufhaus im Einsatz. Dann geht's weiter zum »Dicken Turm«. Er ist 46 Meter hoch und einer der ehemals vier Görlitzer Wach- und Wehrtürme. Auffällig ist das auf der unteren Hälfte angebrachte Stadtwappen aus Sandstein. Es wurde von Kaiser Sigismund gestiftet, der sich bei den Görlitzern für ihre Treue in den Hussitenkriegen bedankte. Nordöstlich erreichen wir den Reichenbacher Turm und den Kaisertrutz. Er heißt so, weil die schwedischen Truppen den Kaisertrutz erfolgreich einsetzten, um die Truppen von Kaiser Ferdinand II. vom Einmarsch in die Stadt abzuhalten.

↗ Die Görlitzer Justitia mit der Rathaustreppe
← Wundervoller Blick auf Görlitz und die St. Peter Kirche.

Tipp

ODER-NEISSE-RADWEG

Der Oder-Neiße-Radweg ist die wohl bekannteste Radroute in der Oberlausitz. Hier passieren wir weite Auen, naturbelassenes Ufer, verträumte Dörfer und historische Städte. Der schönste Teil der Tour führt durch die Oberlausitz und Görlitz. Es ist ein exzellenter Startpunkt auch für kürzere Tagesetappen gen Norden oder Süden.

Weitblick über die Stadt

Vom Obermarkt flanieren wir zum Untermarkt, dem Zentrum. Ein besonderer Hingucker ist dort die »Zeile«. Dieser Häuserblock steht wie eine kleine Insel im Zentrum des Platzes und besteht aus einer Reihe von Häusern wie der Börse, der »Waage« sowie einem Hotel und Café. Vom 60 Meter hohen Rathausturm mit seiner markanten Uhr mit den zwei Zifferblättern – Uhrzeit und Mondphase – haben wir einen ausgezeichneten Rundblick. Die Rathaustreppe zählt übrigens zu den Meisterwerken der Frührenaissance. Vom Neptunbrunnen gehen wir zur gotischen Nikolaikirche. Bis zum Bau der Peterskirche war sie der Star der Kirchen. Keine zehn Minuten Fußweg trennen uns jetzt vom »Heiligen Grab«.

Görlitz ist das Paris an der Neiße.

Die Zeit

Es ist der verkleinerte Nachbau der Grabeskirche in Jerusalem von 1504. Die Kreuzkapelle ist ein Nachbau der mittelalterlichen Jerusalemer Heilig-Grab-Kapelle. Die umliegenden Orte wie der Ölberg und das Kidrontal gehören zu diesem zusammenhängenden Gesamtkunstwerk.

Dann passieren wir den Nikolaiturm und legen hinter der Mauer im idyllischen Zwinger eine Rast ein. Wir genießen die wunderbaren Ausblicke bis hinüber ins polnische Zgorzelec und besichtigen anschließend die Peterskirche. Sie überragt mit ihren zwei schönen hellen Türmen die Dächer der Altstadt und zählt zu den größten und wichtigsten Hallenkirchen in Ostdeutschland.

An der »Brücke der Freundschaft« stoßen wir auf die 1910 eröffnete Stadthalle. Das wunderschöne Gebäude wurde im Stil des Neoklassizismus und Jugendstils erbaut. Gleich neben der Stadthalle finden wir im Stadtpark den Meridianstein. Das schicke Denkmal ist aus Lausitzer Granit und weist in Form einer Weltkugel darauf hin, dass hier der 15. Längengrad verläuft. Der wiederum ist ausschlaggebend für die Festlegung der

↗ Am Postplatz steht die Muschelminna.
← Der regelmäßige Stundenschlag der Görlitzer Rathausuhr ist ein schönes Gleichnis für Zuverlässigkeit.

Mitteleuropäischen Zeitzone. Die 1911 mit Jugendstilelementen fertiggestellte Synagoge dient heute als Kultur- und Begegnungsstätte. Sie überstand die Novemberpogrome von 1938 nur mit Glück, da die Anordnung, keine Synagogen zu löschen, die Görlitzer Feuerwehr schlichtweg zu spät erreichte.

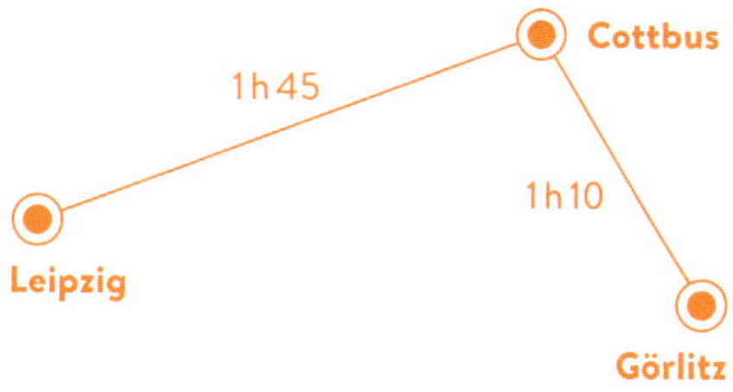

Info

Geeignet als Tages- und Wochenendtrip.

ANREISE

Ab Leipzig nach Görlitz in 3 Std. mit einem Umstieg in Cottbus.

UMGEBUNG

In knapp 40 Min. ohne Umstieg erreichen wir den Luftkurort Jonsdorf. In direkter Nähe zu Nordböhmen, Tschechien, führt uns ein Netz aus 300 km Wanderwegen durch das Zittauer Gebirge oder wir erproben unsere Künste an 22 Kletterfelsen. Mehrere Berge rahmen Jonsdorf ein. Zu diesen gehören der Jonsberg und der Buchberg. Im Südosten grenzt die Jonsdorfer Felsenstadt mit der Felsenkette der Nonnenfelsen an das malerische Bergdorf. Aber auch ein Besuch im Schmetterlingshaus und eine Fahrt mit der Zittauer Schmalspurbahn bieten sich an.

Tipps zum Reisen mit der Bahn

Für die nächste Bahnfahrt

Viele Menschen regen sich über Verspätungen der Bahn auf. Aber es ist wie immer im Leben nicht so einfach. Denn in Deutschland werden die Trassen sowohl vom Güter- als auch vom Personenverkehr genutzt, wobei der Güterverkehr Vorrang hat. Kommt es hier zur Verspätung, wirkt sich dies auf alle aus – Umwege sind die Folge. Andere Länder trennen die Trassen. Dadurch kommen die Züge pünktlich.

DB App

DB-Navigator ist die App der Deutschen Bahn, mit der man Verbindungen suchen und buchen kann. Mit der App kann man neben den Zug- auch Busverbindung ermitteln. Sie werden mit Gleisnummern angezeigt. Dies ist meist zuverlässiger als die Anzeigen am Bahnhof selbst. Als Zahlungsmittel stehen Kreditkarte, Lastschriftverfahren oder PayPal zur Verfügung. Für jeden, der mit dem Zug reist, ist diese App fast unerlässlich. Erhältlich ist sie im Play bzw. App Store Ihres Handys. Die App belegt nicht viel Speicherplatz und funktioniert sehr stabil.

DB Gepäckservice

Nicht nur Kinderwagen, auch sonstige Koffer oder Fahrräder können am Tag vor der Abreise vom Kurierdienst abgeholt oder selbst in einem Paketshop aufgegeben werden. Dies macht die Reise leichter, aber etwas teurer.

Bahnhofsmission

Die Bahnhofsmission bietet Rat und Informationen in Notsituationen und vermittelt Fachstellen für weitergehende Hilfen. Außerdem betreut sie allein reisende Kinder und mobilitätseingeschränkte Reisende. Auf der Webseite findet man eine Übersicht sämtlicher Bahnhofsmissionen in Deutschland und deren Leistungsangebote.

Fundservice

Falls man mal etwas im Zug vergessen hat, auch kein Problem. Man kann den Verlust online melden. Dabei muss man den Gegenstand so genau wie möglich beschreiben. Man wird kontaktiert. Allerdings fällt bei Abholung oder Versand ein Bearbeitungsentgelt an.

Benachrichtigungen zur Reise

In der DB-Navigator-App kann man einstellen, ob man Benachrichtigungen zur Reise per E-Mail oder Push-Nachricht erhalten möchte. Bei Aktivierung wird man am Reisetag über Änderungen der gebuchten oder hinterlegten Verbindungen informiert. Falls gewünscht, wird man auch ans Ein-, Um- und Aussteigen erinnert. Das ist natürlich nur möglich, wenn man per Kundenkonto bucht.

Fahrräder

Je nach Bundesland ist die Fahrradmitnahme unterschiedlich geregelt. Grundsätzlich kostet das Fahrrad immer extra. Einfacher ist es sicherlich, ein Fahrrad am Zielort mit DB Call a Bike auszuleihen. Dazu ist die Call-a-Bike-App nötig. Ausleihe ist rund um die Uhr in über 80 Städten möglich. Alle verfügbaren Fahrräder werden vor Ort am Standort per GPS-Ortung oder manuell eingegebenem Standort angezeigt.

↑ Immer noch eine ökologische Art zu reisen: die Bahn.
↖ Es gibt noch viele historische Bahnen in Deutschland.

Die schönsten Reiseziele im Süden
und Westen erreichen wir bequem
mit der Bahn.

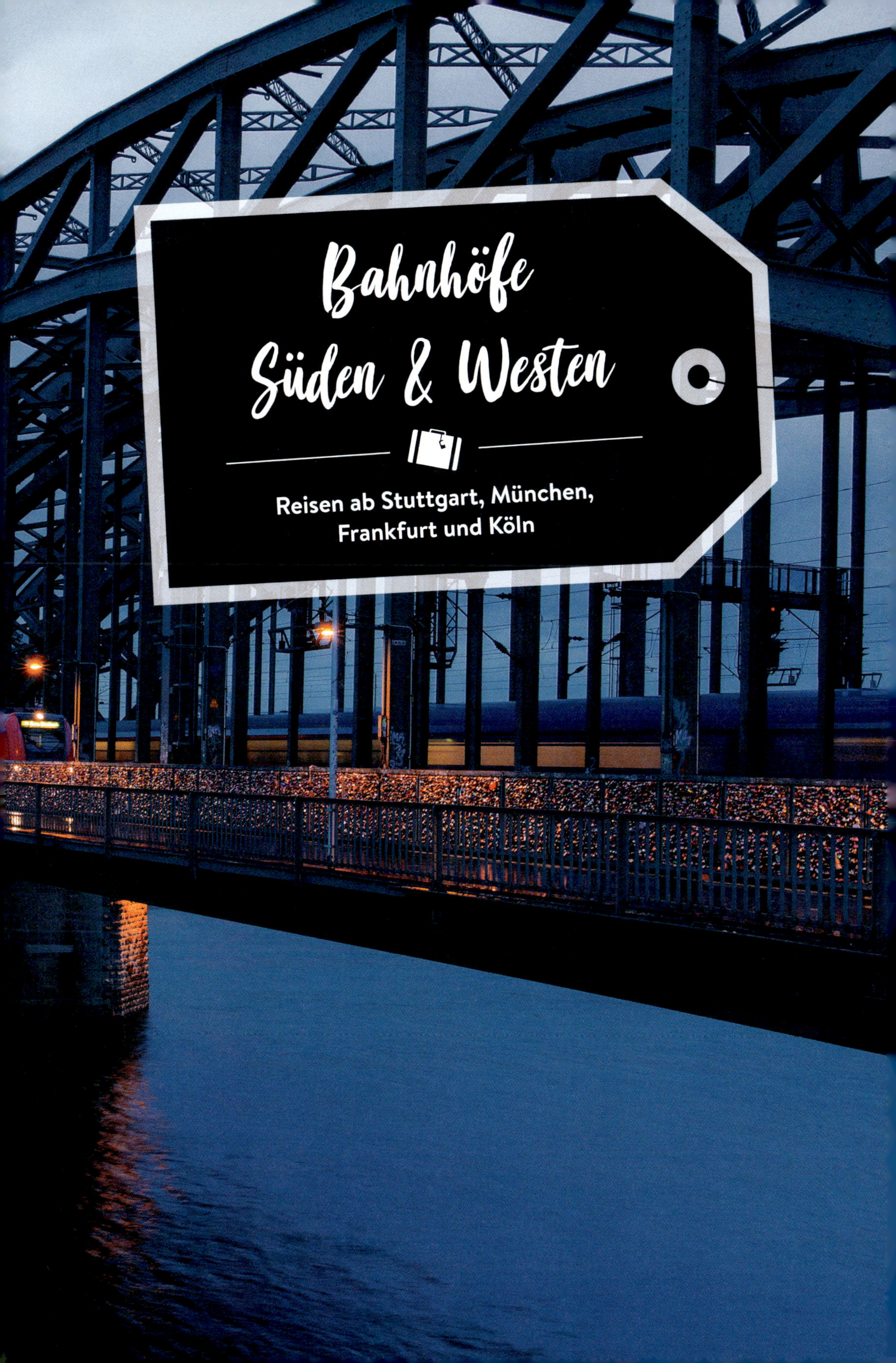

Bahnhöfe Süden & Westen

Reisen ab Stuttgart, München, Frankfurt und Köln

AB STUTTGART

BIS FREIBURG

21 Historisches Freiburg im Breisgau

Schwarzwaldhauptstadt mit vielen Facetten

Die malerische Altstadt begeistert mit Kultur, Geschichte und zahlreichen Attraktionen.

Die bemerkenswerte Geschichte von Freiburg im Breisgau ist auch heute noch in den vielen historischen Bauwerken präsent. Die Vielfalt der Stadt ist an allen Ecken und Enden sichtbar. Das »Tor zum Schwarzwald«, wie sie auch genannt wird, punktet mit mildem, sonnenreichem Klima und viel Grün. Außerdem hat sich die Stadt in den Bereichen Solartechnik, Verkehrspolitik, Umwelt- und Klimaschutz weltweit einen Namen gemacht.

Tipp

UMGEBUNG

In der näheren Umgebung sollten wir unbedingt den Schloss- und Lorettoberg mit seiner Lorettokapelle und den Arlesheimer See besuchen.

Bei unserem Spaziergang durch die Altstadt können wir fast alle Sehenswürdigkeiten sozusagen auf einen Schlag besichtigen, denn es befindet sich alles in Gehweite. Der berühmteste Bau ist sicherlich das Freiburger Münster. Das Highlight im Innern stellt der Hochaltar von Hans Baldung Grien dar. Ein Besuch des Gotteshauses ist für uns ein Muss, genau wie die Besteigung des 116 Meter hohen Turms mit seiner Aussichtsplattform in 70 Metern Höhe. Von dort haben wir einen herrlichen Ausblick auf die Stadt und in die Region. Der Münsterplatz verzaubert uns mit seinem bunten Markt und idyllischen Ecken. Er bildet die wohl größte Parkfläche der ganzen Stadt und dort finden wir auch die Stadtbibliothek, das Historische Kaufhaus, das Wentzingerhaus und das Kornhaus. Besonders gut hat uns die Konviktstraße mit den vielen charmanten Häuserfassa-

↑ Wie durch ein Wunder blieb das Freiburger Münster im Zweiten Weltkrieg von Bomben verschont.

den gefallen. Diese alte Handwerksstraße in der Altstadt versprüht unglaublich viel Gemütlichkeit.

Schlossbergbahn – fast schon Kult

Etwas weiter oben befindet sich der Schlossberg. Eine Fahrt hinauf ist fast schon Kult. Direkt vom Freiburger Zentrum nehmen wir die Schlossbergbahn und sind innerhalb von drei Minuten oben. Hier erwartet uns ein toller Rundumblick auf die Stadt und das Rheinland. Sportbegeisterte laufen wahrscheinlich hinauf. Natürlich besichtigen wir auch das Schwaben- und Martinstor, die gotische Kirche St. Martin und die Villa Colombi mit dem Museum. Weinliebhaber treffen sich in der »Alten Wache«, eines der wenigen Gebäude, das den Zweiten Weltkrieg fast unversehrt überstanden hat. Direkt durch Freiburg fließt die Dreisam. Die Freiburger »Bächle« führen ihr Wasser quer durch die Altstadt und münden am Ende auch alle wieder in

ihm. Inoffiziell sind sie das eigentliche Wahrzeichen der Stadt. Dabei handelt es sich um schmale Kanäle, die sich seit dem Jahr 1170 auf einer Länge von rund neun Kilometern oberirdisch und sechs Kilometern unterirdisch durch die Straßen der Innenstadt ziehen. Im Mittelalter dienten sie der Brandbekämpfung und zur Reinigung von herumliegendem Unrat. Heute sind sie durch ihre schöne Pflasterung eine Besonderheit.

Sehenswert ist auch der Hauptfriedhof. Dieser wurde 1872 angelegt und umfasst eine Fläche von mehr als 27 Hektar. Schon aus der Ferne sehen wir die im Stil der Neorenaissance errichtete Einsegnungshalle im Grundriss eines griechischen Kreuzes mit dem doppelstöckigen Kuppeldach. Die Anlage ist wirklich malerisch mit all den Blumen, Alleen, Grünflächen und Bäumen. Vorbei am Universitätsklinikum geht's dann zur Herz-Jesu-Kirche mit ihren glasierten Ziegeln auf den Turmdächern. Dieses katholische Gotteshaus erinnert uns in der Formgebung und der Doppelturmfassade an den Limburger Dom.

Wer ins Bächle tritt, muss eine/n Freiburger/in heiraten.

Bächle-Sage

Das besondere Viertel

Die Wiehre finden wir südlich der Altstadt und der Dreisam, auch zu Fuß von der Innenstadt oder mit den Tramlinien 2, 3 und 5 gut zu erreichen. Der Anblick der zwei etwa 60 Meter hohen Sandsteintürme macht den Abstecher hierher bereits lohnenswert. Auch die »Wiehredom« genannte Johanneskirche aus dem Jahr 1899 am Anfang der Günterstalstraße ist nur schwer zu übersehen. Zudem ziehen uns die große Anzahl an großbürgerlichen Altbauten und die kleinen alternativen Geschäfte, Cafés, Kneipen und Lokale in ihren Bann. Eine völlig andere Sehenswürdigkeit bietet das Viertel in der Konradstraße, denn das Eckhaus an der Kirchstraße 17 wurde 1870 auf Wunsch der Besitzer vom Graffitikünstler Tom Brane kunstvoll besprüht und so in ein Graffitihaus verwandelt. Danach schlendern wir zum Wasserschlössle in den östlichen Nachbarstadtteil Waldsee mit dem gleichnamigen See. Von dort haben wir einen grandiosen Ausblick über die Stadt. Der eigentlich zur Trinkwasserversorgung dienende Wasserhochbehälter von 1896 sieht aus wie ein Schloss im Miniaturformat und erhielt so seinen Namen.

↑ Dieses kleine Schloss ist ein Wasserhochbehälter.
↙ Das Schwabentor wird auch Obertor genannt.

Info

Geeignet als Tages- und Wochenendtrip.

ANREISE

Ab Stuttgart in knapp 3 Std. und zwei Umstiegen in Karlsruhe und Offenburg.

UMGEBUNG

Die Höllentalbahn im Schwarzwald verbindet Freiburg mit Villingen. Sie gilt als die steilste (normale) Bahn Deutschlands, denn auf dem Streckenabschnitt zwischen Himmelreich und Hinterzarten überquert sie auf einer Strecke von 12 km eine Steigung von 400 Hm. Früher konnten die Züge diesen Abschnitt nur mit Unterstützung des Zahnradbetriebes überwinden, der die Lok entweder die Steigung hochzog oder sie beim Herunterfahren bremste. Highlight der Fahrt ist das Viadukt »Ravennaschlucht« mit 36 m Höhe.

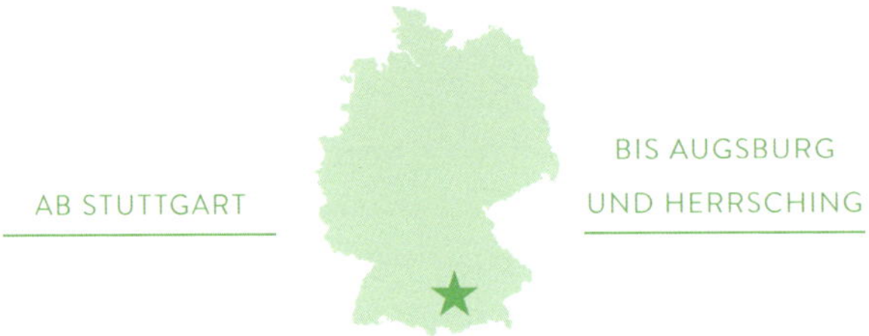

22 Augsburg und Herrsching am Ammersee

Wasserglanz und Nostalgie

Bekanntes Marionettentheater, die Fugger-Familie und innovatives Wassermanagement treffen auf idyllische Ammersee-Schifffahrt mit nostalgischem Schaufelraddampfer.

Wasserläufe und Kanäle, Wasserbauwerke, Trinkwasserwerke, Monumentalbrunnen und Kraftwerke – Augsburgs Wassermanagement-System ist einzigartig auf der ganzen Welt. Und das lassen wir uns auf einer unterhaltsamen Führung entlang historischer Knotenpunkte rund um das UNESCO-Welterbe genau erklären. Vor Ort erfahren wir, wie Wassertechnik und Wasserkunst die Fuggerstadt auszeichnen und warum Wasser für den wirtschaftlichen Aufschwung Augsburgs verantwortlich war.

Kleine Stadt in der Stadt

Augsburg ist eine der ältesten Städte Deutschlands und das merkt man der »Fuggerstadt« auch an. Vor allem der Stadtkern mit seinen historischen Gebäuden, verwinkelten Gassen, vielfältigen Shops und der ewig alten Stadtmauer hat es in sich! Ein Highlight ist der imposante Goldene Saal im Augsburger Rathaus. Die beeindruckenden Malereien und unzähligen Goldverzierungen sind etwas ganz Besonderes und zeugen von einer längst vergessenen Zeit. Gleich daneben finden wir den Perlachturm, von dem wir einen traumhaften Blick über Augsburg haben. Im Dom besichtigen wir die bunten Prophetenfenster, die zu den ältesten figürlichen Glasmalereien Deutschland zählen, und die alten Grabstätten. Auf dem Domplatz finden wir eine alte Ausgrabungsstätte mit zahlreichen Relikten aus der Römerzeit und einen Teil der alten Augsburger Stadtmauer. Auf unserem Weg zum Lechviertel entdecken wir das farbenfrohe Weberhaus, das ehemalige Zunfthaus der Weber. In »Klein Venedig« – wie das romantische Lechviertel auch genannt wird – angekommen, schlendern wir durch und über unzählige kleine Gassen und Brücken, welche die Kanäle überqueren. Dann geht's zur Augsburger Puppenkiste, dem wahrscheinlich bekanntesten Marionettentheater der Welt.

Tipp

UM DIE ECKE

Einen Katzensprung von Herrsching entfernt liegt das bekannte Kloster Andechs. Es thront auf dem »Heiligen Berg«, wie der Volksmund ihn nennt. Im riesigen Biergarten kann man bayerische Schweinshaxn mit Knödel und Bier aus der hauseigenen Klosterbrauerei probieren. Übrigens liegt hier der deutsche Komponist Carl Orff begraben.

↖ Die wunderschöne Innenstadt von Augsburg
→ Der goldene Saal im Rathaus ist eine Augenweide.

Bereits seit 1948 werden hier Stücke wie Lukas der Lokomotivführer, Urmel oder Räuber Hotzenplotz aufgeführt. Tickets sollte man allerdings einige Wochen vorher reservieren!
Natürlich besuchen wir auch die Fuggerei. Selbst nach 500 Jahren sieht die »Stadt in der Stadt« fast noch genauso aus wie zu Zeiten des Gründers Jakob Fugger. Von einer zentralen Straße mit Springbrunnen gehen wir in die kleinen Gassen mit gelb gestrichenen, länglichen Giebelhäusern. Fast alle sind mit Efeu bewachsen. Einige Häuser haben einen kleinen Vorgarten, manche sogar einen schmucken Garten. Alles ist wunderschön bepflanzt. Wir werfen auch einen Blick hinter die Mauern und in die einzige Wohnung, die zu diesen Zwecken absichtlich unbewohnt gelassen wurde. Dieser Zugang scheint ein Schnäppchen zu sein, denn unsere einfache Rechnung ergibt, dass die Eintrittskarte mehr als das Vierfache der Jahresmiete der Bewohner der Fuggerei kostet. So beträgt die Miete nur 88 Cent für ein ganzes Jahr. Allerdings ist diese ausschließlich für die römisch-katholische Bevölkerung Augsburgs reserviert. Wer dort einziehen will, muss seinen Glauben nachweisen, mittellos sowie schuldenfrei sein und mindestens zwei Jahre lang in der bayerischen Großstadt gelebt haben.

Fremd ist der Fremde nur in der Fremde.

Karl Valentin

Mit Blick auf die Zugspitze

Weiter geht's nach Herrsching an den oftmals etwas windigen Ammersee. Ein kleines Paradies im Voralpenland mit unzähligen Wassersportmöglichkeiten und einer herrlichen Natur, die geradezu einlädt, die Seele baumeln zu lassen. Als drittgrößter See in Bayern ist der Ammersee zwar ein begehrtes Freizeitziel, dennoch finden wir hier noch die bayerische entspannte Gelassenheit. Beeindruckend ist die acht Kilometer lange Herrschinger Uferpromenade mit ihren herrlichen Kiesstränden und dem besonders herrlichen Blick auf die Zugspitze. Hier an der Spaziermeile liegt auch der zentrale Punkt für den Schiffsverkehr. So nehmen wir einen nostalgischen Schau-

↗ Mit der Bayerischen Schifffahrt über den Ammersee.
← Das Schloss im Herrschinger Park wird oft für Ausstellungen genutzt.

felraddampfer und lassen uns gemütlich nach Dießen, Riederau, Holzhausen, Utting, Schondorf, Buch, Breitbrunn und nach Stegen schippern. Am Südufer des Ammersees finden wir ein Naturschutzgebiet: Die »Vogelfreistätte Ammersee-Südufer« ist für Naturfans und Vogelbeobachter ein Eldorado.

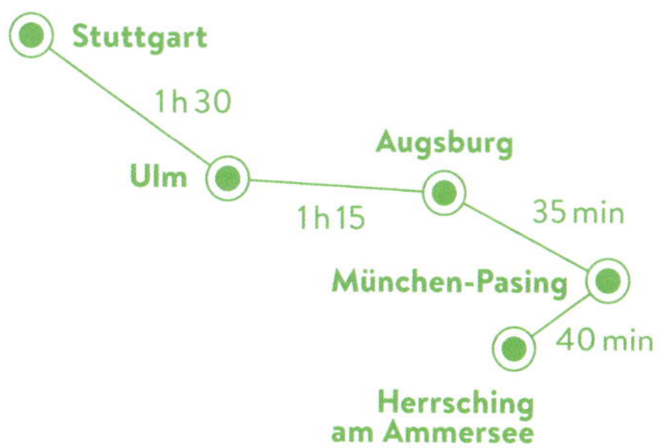

Info

Geeignet als Wochenendtrip oder Urlaub.

ANREISE

Ab Stuttgart in knapp 3 Std. mit einem Umstieg nach Augsburg. Ab Augsburg in 1,5 Std. mit einem Umstieg nach Herrsching am Ammersee.

UMGEBUNG

In 50 Min. ab Herrsching erreichen wir München. Egal, ob für einen oder mehrere Tage, ein Muss sind der »Alte Peter«, ein Spaziergang über den Viktualienmarkt und im Englischen Garten, ein Besuch des Valentin-Karlstadt-Musäums sowie des Deutschen Museums, die Asamkirche sowie die Pinakotheken im Kulturviertel. Sportlicher geht's am Eisbach zu, Fußballfans verschlägt's in die Säbener Straße und am Flauchersteg in den Isarauen kommt Urlaubsstimmung auf. Ansonsten ist ein Biergartenbesuch einfach Pflicht.

AB STUTTGART

BIS MAINZ, WIESBADEN UND BINGEN

23 Mainz, Wiesbaden und Bingen

Wasser, Wein, Natur und mildes Klima

Nur der Rhein trennt die Landeshauptstädte mit ihrem jeweils einzigartigen Flair. Bingen besticht mit intensiver Natur und alle drei Städte mit besonderen Weinfreuden.

Ein Fluss und zwei Städte. So nah, wie sich Wiesbaden und Mainz geografisch sind, so verschieden sind sie doch. Beide Städte versprühen ihr eigenes, unverwechselbares Flair. Doch alle Städte am Rhein haben etwas gemeinsam: Sie vermitteln eine Art Urlaubsgefühl.

2.000 Jahre Mainzer Geschichte

Mainz mit seiner 2.000-jährigen Geschichte ist geprägt durch Johannes Gutenberg, den Erfinder des Buchdrucks, den romanischen Dom, eine vielfältige Museumslandschaft und die närrische Fastnacht. Im Gutenberg-Express gehen wir auf Entdeckungsreise. Der startet am Staatstheater und fährt uns an den wichtigsten Sehenswürdigkeiten vorbei, während wir die wichtigsten Informationen vom Band erzählt bekommen. So werden wir durch schmale Gassen kutschiert, entlang an schönen Bürgerhäusern, vielen Kirchen – natürlich auch am Dom zu Mainz – der Zitadelle, dem kurfürstlichen Schloss, dem Landtag und der Neuen Synagoge. Natürlich lassen wir uns einen Besuch des Gutenberg-Museums nicht entgehen. Dort bewundern wir neben der rekonstruierten Druckwerkstatt zwei originale Gutenberg-Bibeln aus der Mitte des 15. Jahrhunderts. Wir besichtigen Marc Chagalls blaue Glasfenster in der Kirche St. Stephan und die Fundamente des römischen Tempels in der Römerpassage.

← Die antike Mainzer Kathedrale: der Hohe Dom St. Martin

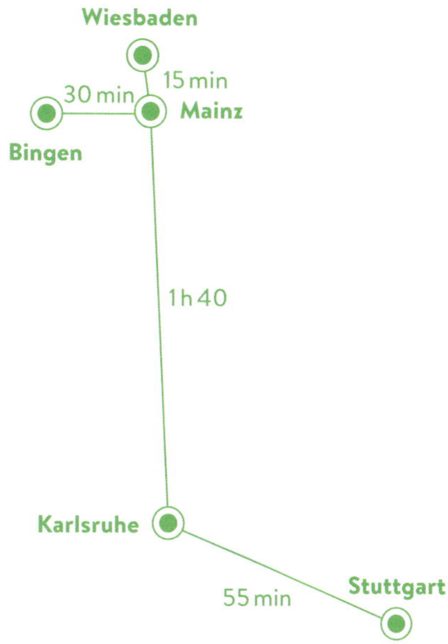

Ideal für einen Spaziergang ist die Rheinpromenade, die sich vom Zollhafen bis zur Altstadt zieht. Bevor wir dann in Richtung Wiesbaden starten, bummeln wir noch durch die Fußgängerzone und lassen uns einen Schluck Wein schmecken.

Facettenreiches Wiesbaden

Mit ihren vielen Thermal- und Mineralquellen gehört Wiesbaden zu den ältesten europäischen Kurbädern. Hier sprudeln täglich mehr als eine Million Liter heißen Mineralwassers aus 26 Thermalquellen. So ist das Kurhaus wahrscheinlich eines der prunkvollsten Gebäude in der Stadt. Dort befindet sich das berühmte Casino, von dem behauptet wird, dass sich der Schriftsteller Dostojewski die Inspiration für sein Buch »Der Spieler« geholt hat. Der im Stil eines englischen Landschaftsgartens angelegte Park beginnt dahinter. Sein Herzstück ist der

Teich mit seiner sechs Meter hohen Wasserfontäne. Hier können wir uns ein Boot ausleihen und die ruhig-romantische Atmosphäre genießen. Natürlich besuchen wir auch den Thermal-, Koch- und Bäckerbrunnen, die neugotische Marktkirche mit ihren fünf Türmen, das prachtvolle Stadtschloss gegenüber dem Alten Rathaus, das Neue Rathaus, die Heidenmauer – das älteste Bauwerk der Stadt – und die größte Kuckucksuhr der

Jede Krankheit ist heilbar – aber nicht jeder Patient.

Hildegard von Bingen

Welt. Und wer müde ist vom Sightseeing, der entspannt entweder im Luxus-Badetempel Kaiser-Friedrich-Therme oder im wunderbaren Thermalbad Aukammtal. Wenn noch Zeit ist, blicken wir bei einer Führung in der Sektkellerei Henkell hinter die Kulissen und können dabei den einzigartigen Marmorsaal im Rokokostil besichtigen.

Tipp

HEILKUNDE

Im Museum am Strom erfahren wir mehr über die berühmte Tochter der Stadt: Hildegard von Bingen. Angeschlossen ist der Hildegarten, in dem wir mehr über ihre Heilkunde lernen. Auf ihren Spuren begeben wir uns dann auch auf dem Rochusberg mit der gleichnamigen Kapelle und dem Hildegard-Forum der Kreuzschwestern.

Bingen – auf der Sonnenseite

Bingen ist das Tor zur UNESCO-Welterbe-Kulturlandschaft Oberes Mittelrheintal. Die Landschaft sowie das sonnige Klima sind einfach grandios! Mit ihrer zentralen Lage und am Rheinradweg gelegen, bieten sich viele Wander- oder Radtouren in die Umgebung an. Oder wir erleben die Stadt, den Wein und die bewegte Historie digital. Mittels einer App wandern wir etwa siebeneinhalb Kilometer durch die Weinlagen und kleine Wälder zu 15 verschiedenen Punkten mit beeindruckenden Aus- bzw. Einblicken und idyllischen Rastplätzen. Sehr beeindruckt sind wir von der Drususbrücke,

↗ Das historische Kurhaus in Wiesbaden am Abend
← Bingen gilt als Tor zum UNESCO-Welterbe Oberes Mittelrheintal.

der einzigartigen Verbindung über den Fluss Nahe, der bei Bingen in den Rhein mündet. Die Ursprünge der auf sieben Pfeilern ruhenden Flussüberquerung stammen aus dem 11. Jahrhundert und machen sie damit zur ältesten mittelalterlichen Steinbrücke Deutschlands. Das Kulturufer der Stadt ist eine der schönsten Uferpromenaden am Rhein – mit dem Museum am Strom, dem Lotsenmuseum, wunderbaren Parkanlagen, Spielplätzen und herrlichen Ausblicken auf den Rhein ein wunderbarer Ort zum Verweilen. Hier starten auch die Ausflugsschiffe ins Mittelrheintal bis zur Loreley, nach Koblenz oder durch Rheinhessen und den Rheingau. Natürlich besichtigen wir die Burg Klopp, den Mäuseturm, die Basilika St. Martin und probieren den schmackhaften Wein.

Info

Geeignet als Einzeltouren, Wochenendtrip oder Urlaub.

ANREISE

Ab Stuttgart in etwas über 3 Std. und mit einem Umstieg nach Mainz. Mainz nach Wiesbaden 15 Min. Ab Wiesbaden in 55 Min. mit einem Umstieg nach Bingen.

UMGEBUNG

Das Radwege-Netz der rheinhessischen Hügel umfasst insgesamt 550 km. Ab Bingen sind Wanderziele im nah gelegenen Hunsrück gut zu erreichen. Ein Ausflug in die Edelsteinstadt Idar-Oberstein, Worms oder Alzey isr empfehlenswert. Von Mainz ist das Schloss Waldthausen im Lennebergwald ein Muss. Von Wiesbaden ist das Schloss Biebrich und die Mosburg ein Besuch wert. Auch die Felsformation Rheingrafenstein und die Vorburg-Ruine Affenstein sind sehenswert. Eine schöne Tour mit dem Fahrrad ist von Wiesbaden-Schierstein die Rheinuferrunde vorbei am Schloss Johannisberg.

24 Würzburg und Aschaffenburg

UNESCO-Welterbe meets bayerisches Nizza

Eindrucksvolle Bauwerke, ein unverwechselbares Stadtbild und eine lange Weinkultur prägen Würzburg. Aschaffenburg überrascht mit mediterran-toskanischem Flair.

Würzburg kann locker mit europäischen Metropolen mithalten. Denn statt dem Eiffelturm finden wir die beeindruckende Festung mit gigantischem Ausblick und statt Bier im Pub genießen wir leckeren Wein in maritimer Atmosphäre auf der Mainbrücke. Neben allen Sehenswürdigkeiten entdecken wir coole Cafés sowie lässige Shops.
Wir starten unseren Rundgang mit dem Besuch des wohl bekanntesten Bauwerks der Stadt: der Würzburger Residenz. Das prachtvolle Barockschloss ist seit 1981 UNESCO-Weltkulturerbe. Bei einer Führung können wir 40 der 340 Räume besichtigen, darunter auch das mit Hinterglasmalereien verzierte Spiegelkabinett, den pompösen Kaisersaal und den schlichten Weißen Saal. Besonders sehenswert sind die Hofkirche »Allerheiligste Dreifaltigkeit« und der Park. Weiter geht's zum Würzburger Dom mit seiner Doppelturmfassade und der von Balthasar Neumann erbauten Schönbornkapelle. Ein absoluter Hingucker am Marktplatz ist das Falkenhaus mit seiner wunderschönen Rokoko-Fassade. Aber auch die Marienkapelle mit der Grabstätte von Balthasar Neumann sollten wir besichtigen. Auf unserem Weg in Richtung Main besuchen wir das aus mehreren Gebäudekomplexen bestehende Würzburger Rathaus und den imposanten Ratssaal mit seinen eindrucksvollen Fresken.

Schönste Ausblicke auf Würzburg

Angekommen auf der Alten Mainbrücke mit ihren acht Bögen und zwölf Statuen genießen wir den »Wein am Main«. Dann nehmen wir den Wanderweg mit fantastischen Weitblicken zur Festung Marienberg. Auch von ihr aus eröffnet sich eine grandiose Rundumsicht. Im Rahmen einer Führung besichtigen wir im Fürstenbau die Wohnräume der Fürstbischöfe und die Schatzkammer. In Richtung Süden sehen wir die Wallfahrtskirche, das »Käpple«, unser nächs-

Tipp

URWILDPFERDE

Auf einem 75 ha großen Naturgebiet im Aschaffenburger Stadtteil Schweinheim kann man die vom Aussterben bedrohten Przewalski-Wildpferde beobachten. Ein 2,5 km langer Rundweg bringt uns im Idealfall ziemlich nah an die Tiere heran. Unbedingt genügend Zeit und ein gutes Objektiv mitbringen!

↖ Traumhafter Blick auf die Residenzstadt Würzburg
→ Die Alte Mainbrücke mit dem berühmten Ausschank

tes Ziel. Wir erreichen diese über den Stationsweg mit seinen bemerkenswerten Aussichtspunkten, der an 14 Kreuzwegstationen und 77 Figuren entlang nach oben führt.
Ehe wir zurück in der Altstadt noch das Neumünster und den Bismarkturm – mit einem einzigartigen Blick auf ganz Würzburg – bestaunen, gönnen wir uns etwas Erholung und entspannte Momente an der Mainpromenade. Natürlich lassen wir uns auch das Juliusspital nicht entgehen. Heute ist es mit rund 180 Hektar Rebfläche das zweitgrößte Weingut Deutschlands und sogar das größte Silvaner-Weingut der Welt.

Bayerische Toskana in Aschaffenburg

Schon König Ludwig I. von Bayern wusste das südliche Flair Aschaffenburgs zu schätzen und nannte es sein »bayerisches Nizza«. »Bayerische Toskana« würde besser passen, denn bei sommerlichen Temperaturen und beim Anblick des Pompejanums in der Abendsonne ist das Italien-Feeling nicht mehr zu ignorieren. Aschebersch, wie die Einheimischen ihre Stadt nennen, ist geprägt vom gewaltigen Schloss Johannisburg. Hier starten wir unsere Rundtour, die uns vom Schloss bis zur Saint-Germain-Terrasse und zurück führt. Wer genügend Zeit mitbringt, sollte sich das Innere des Schlosses anschauen. Neben verschiedenen Kunstausstellungen ist es vor allem für seine Korksammlung berühmt. Unmittelbar vor dem Gebäude steht das steinerne Tor, durch das wir in den traumhaften Schlossgarten gelangen. Das weitläufige, terrassenartig angelegte Areal ist der perfekte Ort zum Entspannen und Verweilen. Kleiner Tipp: am besten am späten Nachmittag vor Sonnenuntergang besuchen, dann fühlt ihr euch wie in der Toskana.
Dann geht's zum Pompejanum, einem Nachbau einer römischen Villa. König Ludwig ließ es im 19. Jahrhundert errichten, um den Bewohnern das Studium der antiken Kultur zu ermöglichen. Von dort ist es zur Saint-Germain-Terrasse oberhalb des Mainufers nur noch ein Katzensprung und der Brunnen an deren Mauer ist sehr sehenswert.
Der weiße Herstallturm, der etwas verloren dasteht, war früher ein Teil der Stadtmauer. Kurz dahinter beginnt der

Glückliches Würzburg, treffliches Volk, getreues Land …

Gottfried von Viterbo

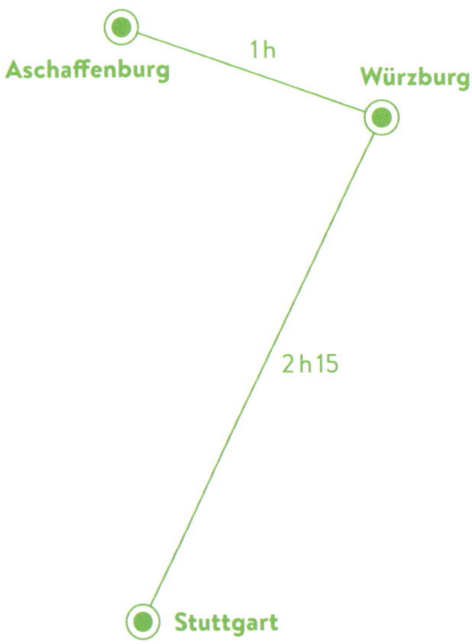

↑ Das Renaissance-Schloss Johannisburg liegt direkt am Main.

Park Schöntal, eine absolute Oase der Ruhe. Im Frühling dürfen wir die Magnolienblüte nicht verpassen, denn im Park finden wir den größten Magnolienhain Bayerns.
Kunstkenner lassen sich Lucas Cranachs berühmten Magdalenenaltar im Stiftmuseum und Matthias Grünewalds Beweinung Christi in der Stiftskirche nicht entgehen. Auch das Geburtshaus des Brücke-Mitbegründers Ernst Ludwig Kirchner lohnt sich. Ein Superlativ in Sachen Neue Sachlichkeit ist das Christian Schad Museum in der Pfaffengasse.

Info

Geeignet als Einzeltouren, langes Wochenende oder Urlaub.

ANREISE

Ab Stuttgart in 2 Std. und 12 Min. nach Würzburg. Ab Würzburg in 1 Std. nach Aschaffenburg.

UMGEBUNG

Die Gegend eignet sich hervorragend für Wandertouren, Mehrtageswanderungen oder kurze Spaziergänge. Fünf Touren zwischen 4 und 13 km (aufsteigend) starten direkt aus Aschaffenburg: Tour 1 »Durch den Obenauer Wald«, Tour 2 »Rund um den Erbig«, Tour 3 »Vom ehemaligen Militärgelände zum Waldnaturschutzgebiet«, Tour 4 »Przewalski-Pferde, Pflanzenvielfalt und Weitblick bis in den Taunus« und Tour 5 »Der Aschaffenburger Spessart«. Startpunkte sind alle gut per Bus zu erreichen.

AB STUTTGART

BIS
KEMPTEN UND
OBERSTDORF

25 Kempten und Oberstdorf

Römerstadt und südlichster Ort Deutschlands

Relikte der Römer, eine Kapelle unter der Erde und entspannte Stadtplätze in Kempten. Mit Ski, Rad oder Wanderschuh – in Oberstdorf steht die Natur im Vordergrund.

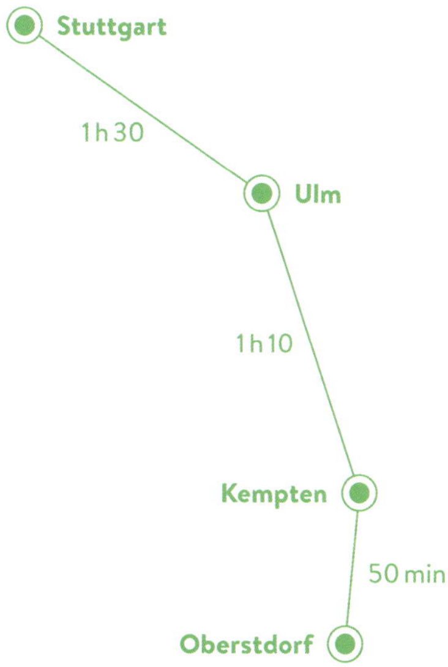

Kempten gilt als die älteste schriftlich erwähnte Stadt Deutschlands: Cambodunum – wie sie damals hieß – wurde auf dem östlichen Hochufer der Iller nachgewiesen und wahrscheinlich um die Zeitenwende gegründet. Im Archäologischen Park Cambodunum (APC) gehen wir auf Entdeckungsreise. Der Gallorömische Tempelbezirk, kleine Thermen und das Forum mit Basilika sind bis heute als Zentrum der einstig römischen Provinzhauptstadt erkennbar. Im Tempelbezirk besuchen wir einige Ausgrabungen, diverse Altäre und Tempel, die als originale Überreste und als Nachbau an ihren ursprünglichen Plätzen zu besichtigen sind. Wir erfahren viel über alte Götter, Opfergaben, Kultbauten und wie die Menschen früher gelebt haben. Für den Rundweg mit den Erlebnisstationen laden wir uns die interaktive Cambodunum-App herunter. So erleben wir digital unterstützt den römischen Alltag mit beeindruckenden Filmsequenzen, digitalen 360-Grad-Panoramen, 15 Aktiv-Stationen zur Geschichte und einer Quiz-Tour.

Tipp

NUR IM SOMMER

Die Burghalde liegt auf einer Anhöhe mitten in der Kemptener Altstadt. Neben der Burghalde finden wir ein Amphitheater, das sich in den Sommermonaten Juli und August in eine Freilichtbühne verwandelt. Auf der Open-Air-Bühne werden dann beliebte Stücke aufgeführt.

← Kempten ist einer der ältesten Städte Deutschlands.

Genussreiches Kempten

Danach starten wir unsere Tour durch Kempten und besuchen das »Wohnzimmer« der Stadt: das topmoderne Kempten-Museum im historischen Zumsteinhaus. Dort wird die 2.000 Jahre alte Stadtgeschichte in elf Themenräumen mit audiovisuellen Shows im Zeitraffer neu erzählt. Natürlich besichtigen wir die Basilika St. Lorenz, die als erster großer Kirchenbau Süddeutschlands nach dem Dreißigjährigen Krieg gilt. Im Innern begeistern uns die reiche Ausstattung, die Altäre und das geschnitzte Chorgestühl mit den seltenen Scagliola-Platten. Gegen den Hunger besuchen wir am Hildegardplatz den Wochenmarkt. Dann geht's zum 66 Meter hohen gotischen Turm der St.-Mang-Kirche. Die geheimnisvolle unterirdische Kapelle am gleichnamigen Platz wurde erst 2003 bei Bauarbeiten entdeckt. In einer faszinierenden Multivisionsshow erfahren wir, was man bislang über den Ort weiß. Danach schlendern wir zum Rathausplatz. Der schönste Platz Kemptens liegt fast schon im Grünen. Die üppige Bepflanzung erinnert an Orte südlich der Alpen und die Cafés und Restaurants mit vielen Außensitzplätzen laden zu mehreren Stopps ein. Am historischen Stadtzentrum sticht uns die Residenz sofort ins Auge. Im Rahmen einer Führung bewundern wir die Prunkräume, die ehemaligen Wohnräume des Fürstabts, und verweilen im traumhaften Hofgarten, bevor es weitergeht nach Oberstdorf.

Traumhafte Natur in Oberstdorf

Oberstdorf ist das südlichste Dorf Deutschlands und bekannt für sein 200 Kilometer langes Netz aus Wanderwegen und 130 Kilometer an Skipisten.

Die Welt ist ein Buch. Wer nie reist, sieht nur eine Seite davon.

Augustinus Aurelius

Zusammen mit dem benachbarten Kleinwalsertal ist es das größte Wander- und Bergsportgebiet am Nordrand der Alpen. Aber auch in Oberstdorf gibt es einiges zu entdecken. Die hübschen mit Blumen geschmückten Holzhäuschen, die urigen Restaurants und Biergärten, die feinen, kreativen Läden und Shops sorgen bei uns schlagartig für Urlaubsstimmung und gute Laune. Die umliegenden Seen wie der Freibergsee oder das historische Moorbad bieten uns im Sommer und Frühherbst eine willkommene Abkühlung.
Von der Dorfmitte aus können wir viele Hochtäler erreichen. Darunter beispielsweise das Trettachtal, Oytal, Traufbachtal, Breitachtal, Dietersbachtal, Stillachtal oder das Kleinwalsertal. Alle diese Täler sind landschaftlich ein Traum und zugleich der Ausgangspunkt für weitere zahlreiche Bergwanderungen. Die Nebelhornbahn befindet sich ebenfalls direkt im Ortskern. Sie bringt uns in drei Stationen auf 2.224 Meter Höhe.

↗ Die Natur rund um Oberstdorf und Kempten ist schlichtweg atemberaubend.
← Oberstdorf – ein Dorf mit ursprünglichem Charakter

Von dort haben wir den berühmten 400-Gipfel-Blick. Gleichzeitig ist es ein idealer Startpunkt für hochalpine Touren und Klettersteige. Aber auch die Fellhornbahn und Söllereckbahn sind ganz in der Nähe.
Ein absolutes Muss ist eine Wanderung durch die Breitachklamm. Die etwa 10.000 Jahre alte Klamm ist eine der tiefsten Schluchten Bayerns. Ein Besuch ist immer aufregend. Denn unten rauscht die tosende, unbändige Breitach, in den steil aufragenden Felswänden stecken Baumstämme, im Gestein erkennen wir Aushöhlungen, die durch die Schneeschmelze verursacht wurden, und dennoch wachsen Moose und Farne an den klammen Felsen.

Info

Geeignet als Einzeltouren, Wochenendtrip oder Urlaub.

ANREISE

Ab Stuttgart in 2,5 Std. und einem Umstieg nach Kempten. Ab Kempten in 49 Min. nach Oberstdorf.

UMGEBUNG

In 1 Std. erreichen wir Memmingen. Die kleine historische Stadt mit ihren mittelalterlichen Prachtbauten hat eine 850 Jahre alte Geschichte. Dort besuchen wir das interessante Siebendächerhaus, das Rathaus am mittelalterlichen Marktplatz, das Steuerhaus, das Wester- und Lindauertor, die St.-Martins-Kirche und den Kreuzherrnsaal (ehemaliger Kirchenraum des Heilig-Geist-Klosters). Im Brenninger Ried, einer Moorlandschaft am Rande der Stadt (seit 1939 unter Naturschutz), entdecken wir die seltene Riednelke *(Armeria maritima subsp. Purpurea)*.

26 Sylt – die Königin der Nordsee

Sehenswürdigkeiten an jeder Ecke

Die Insel ist und bleibt ein Dauerbrenner, wenn es um die beliebtesten Urlaubsziele in Deutschland geht. Und Sylt ist zu jeder Jahreszeit schön.

Wer den weiten Weg an die Nordsee auf sich nimmt, der möchte vor allem an den Strand. Und davon hat Sylt viel zu bieten: von den feinsandigen Weststränden bei Westerland und Rantum bis hin zum weitgehend belassenen Naturstrand am nördlich gelegenen Lister Ellenbogen. Übrigens ist es nirgendwo ruhiger und idyllischer als am Ellenbogen, denn er befindet sich in Privatbesitz und wenn wir zu Fuß oder per Fahrrad hierherkommen, bezahlen wir keine Maut. Am Strand in Ellenbogen finden wir Deutschlands nördlichsten Punkt. Er ist mit einem Schild gekennzeichnet. Den besten Blick über die ganze Insel und den Königshafen haben wir vom Mövenbergdeich in List. Diesen erreichen wir über die Jugendherberge oder den Hotel-Strand.

Das nördlichste Haus Deutschlands

Am Ellenbogen entdecken wir zudem zwei der fünf Leuchttürme, die es auf der Insel gibt: die Zwillingstürme List-West und List-Ost, wobei Letzterer das nördlichste Haus Deutschlands ist. In Kampen stehen zwei weitere: das kleine Quermarkenfeuer – ein achteckiger Klinkerbau – Richtung Meer und der weiße »Lange Christian« mit der schwarzen Bauchbinde. Aber egal, wo wir uns auf der Insel aufhalten, den Hörnumer Leuchtturm haben wir immer im Blick. Zwischen April und Oktober darf man ihn als einzigen Turm der Insel besichtigen. Übrigens befand sich im Hörnumer Leuchtturm einst die kleinste Schule Deutschlands.

Die drei Wanderdünen in List gehören zu den besonderen Sehenswürdigkeiten der Insel. Obwohl sie eher unspektakulär aussehen, steht das Gebiet seit 1923 unter Naturschutz und ist weitläufig abgesperrt. Die größte Düne wandert im Schnitt zehn Meter im Jahr Richtung Osten. Um das zu verhindern, wurde die Düne inzwischen teilweise bepflanzt. Im Rahmen einer geführten Tour des »Erlebniszentrums Naturgewalten« in List können wir Wanderungen auf unbefes-

Tipp

JUNGNAMENSAND

Wer gerne Kegelrobben beobachten möchte, bucht ab Hörnum eine 2-stündige Fahrt zur Jungnamensand. Das ist eine kleine Sandbank westlich der Insel Amrum im Nationalpark Wattenmeer und ein besonders geschützter Liegeplatz der Kegelrobben.

↖ Pfad zum traumhaften Strand auf Sylt
→ Auf Sylt gibt es Fisch in allen Variationen.

tigten Pfaden durch die Heidelandschaft bis zum Fuß der größten Wanderdüne buchen. Ansonsten haben wir eine fantastische Sicht auf die Wanderdünen vom Ellenbogenberg am Weststrand oder entlang der alten Lister Straße.

Naturgewalten erleben

Im »Erlebniszentrum Naturgewalten« in List erleben wir zudem in einem Sturmraum Naturgewalten am eigenen Leib. Zudem erfahren wir viel über Sylt, seine Entstehung, den Klimawandel und dessen Auswirkungen auf die Insel. Kurz vor Sonnenuntergang ist das Rote Kliff in Kampen ein Muss. Denn dann erstrahlen die Klippen angeleuchtet von der untergehenden Sonne in einem fabelhaften Rot und machen ihrem Namen alle Ehre.

Ich muss gar nix – ich muss nur nach Sylt.

Unbekannt

Von Kampen aus starten wir auch unsere Wattwanderung. Dabei gehen wir barfuß durchs das weltweit größte Ökosystem seiner Art und erfahren alles Wichtige über den Wattwurm, Krebse, Algen bis hin zur Sylter Auster. Wenn wir am Grünen Kliff an der Küste in Keitum entlanglaufen, kommen wir am Altfriesischen Haus von 1640 vorbei. Im Inneren entdecken wir, wie man vor Hunderten von Jahren hier gelebt hat. Sind wir schon mal in Keitum, besichtigen wir auch noch die Megalithanlage Harhoog, die am Rande des Watts liegt.

Im idyllischen Ort Braderup lernen wir Sylt von der ursprünglichen Seite kennen, denn von hier gelangen wir in die Braderuper Heide. Das Naturschutzgebiet ist mit 137 Hektar die größte zusammenhängende Heidefläche Schleswig-Holsteins und ideal zum Wandern. Sehenswert ist auch das 600 Hektar große Rantumbecken zwischen Westerland und Tinnum. Um das Naturschutzgebiet für Seevögel kann man wunderbar mit dem Fahrrad herumfahren. Einer der traumhaftesten Spazierwege auf Sylt ist der Kliffweg zwischen Wenningstedt und Kampen. Er führt von Wenningstedt bis zur Aussichtsplattform »Sturmhaube« in Kampen immer am Meer entlang – und das mit grandiosem Blick auf die Nordsee. Über einen Großteil der

↑ Die Wahrzeichen der Küste sind ihre Leuchttürme.

Strecke laufen wir entlang von Bohlenwegen aus Holz, aber teilweise auch direkt durch die Dünen. Wir passieren auch die Uwe-Düne, die mit ihren 52,5 Metern der höchste Punkt der Insel ist. Von oben haben wir einen weiten Panoramablick über die Dünenlandschaft der Insel. Und Sylts Sonnenuntergänge sind fast immer ein Naturschauspiel, egal, wo man sich auf der Insel befindet.

Info

Geeignet als Urlaub.

ANREISE

Ab München in 16 Std. und sieben Umstiegen nach Westerland/Sylt.

KULINARISCH

In der Sylter Kaffeerösterei bekommen wir den leckersten Kaffee. Die Sylter Trading ist ein Whisky-Spezialist mit Whisky, Gin und Likören aus der ganzen Welt. Unbedingt ein Whisky-Tasting buchen! In der Sylter Bonscherei und bei der Sylter Eismanufaktur kommen Naschkatzen auf ihre Kosten. In der »Kupferkanne« in Kampen und »Voigt's Alter Backstube« geht's gemütlich zu. Im »Brot & Bier« haben Brot und »Watt« ihre großen Auftritte.

UMGEBUNG

Ab Hörnum kann man Schiffsfahrten nach Helgoland, zu den Inseln Amrum oder Föhr, auf die Halligen Hooge, Gröde oder Langeneß und zu den Ruheplätzen der Seehunde buchen.

AB MÜNCHEN

BIS
BADEN-BADEN
UND HEIDELBERG

27 Baden-Baden und Heidelberg

Millionärsregion und älteste deutsche Universitätsstadt

In Baden-Baden trifft mondäne Badetradition auf glamouröse Glücksmomente. Nachts entlocken wir Heidelberg seine Geheimnisse.

Zwischen eleganten Gebäuden, historischen Gassen, gepflegten Parkanlagen, Casino, Thermalbädern und dem Schwarzwald kann man in Baden-Baden eine glamouröse Zeit verbringen. Im traditionsreichsten und bekanntesten Spielcasino Deutschlands kann jeder sein Glück versuchen. Die Geschichte der opulenten und wunderschön gestalteten Räume im Seitenflügel des Kurhauses geht bis ins 19. Jahrhundert zurück. Im Kurpark, ganz in der Nähe, lädt uns die 1842 fertiggestellte, 90 Meter lange Trinkhalle zum Verweilen und Entspannen ein.

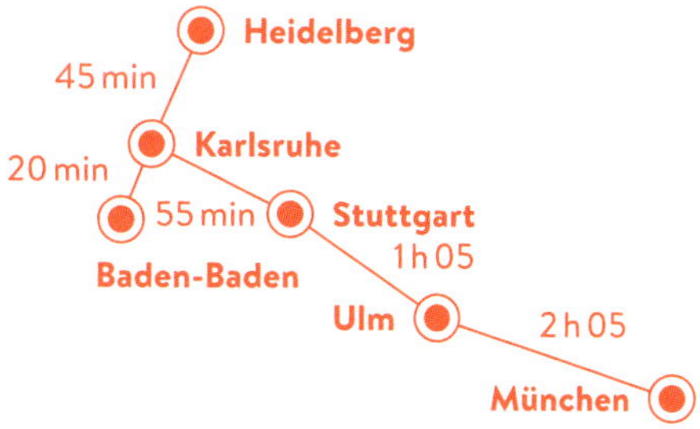

Malerische Schönheiten

Ein Spaziergang entlang der drei Kilometer langen Lichtentaler Allee ist ein absolutes Muss, denn die Eindrücke der idyllischen Parkanlage inmitten der Innenstadt suchen ihresgleichen. Im malerischen Rosengarten flanieren wir durch zahlreiche Bögen aus pink- und rotblühenden Rosen und genießen den Duft und die Blütenpracht. Wer hoch hinaus möchte, wandert auf den Merkur, den 668 Meter hohen Hausberg. Dort bietet sich uns ein famoser Ausblick über die Stadt inmitten des Schwarzwalds. Oder wir besichtigen das Alte Schloss, das über Baden-Baden thront. Es war einst Heimat der Badischen Markgrafen. Noch heute zeugen die gewaltigen Mauern von dieser jahrhundertealten Geschichte. Natürlich genießen wir das wohltuende Nass in einem der Thermalbäder. Das traditionsreiche Friedrichsbad gehört seit über 140 Jahren zu den Wahrzeichen der Stadt und auch die moderne Caracalla Therme lädt uns zu erholsamen Stunden im bis zu 38 °C warmen Thermalwasser ein. Wer einen Abstecher in die Vergangenheit machen möchte, der besichtigt die Römischen Badruinen. Hier erfahren wir mehr über die alte römische Badekultur und die Wirkung des Thermalwassers.
Das Festspielhaus mit seiner historischen Prunkfassade ist ein modernes Konzertgebäude mit einer so klangvollen Akustik wie sonst nur selten auf der Welt. Kunst- und Kulturfans werden in der Staatlichen Kunsthalle fündig.
Wem der Sinn nach einem weiteren Museum steht, der besucht das benachbarte Museum Frieder Burda mit seinen rund

Tipp

MYSTISCH

Es gibt keinen sagenumwobenen Gang, der vom Heidelberger Schloss in die Altstadt führt. Aber es gibt zahlreiche Keller und Gänge, die sich in und unter Gebäuden verbergen. Während einer Führung der Evangelischen Erwachsenenbildung kann man diese verborgene Welt entdecken.

← Baden-Baden wurde vor über 2000 Jahren gegründet, um den Menschen Erholung zu bieten.

1.000 Kunstwerken, unter anderem von Picasso, Miró und Arp.

Heidelberg – Sehnsuchtsort der Romantik

Auf der »Neckarsonne« erleben wir ohne Abgase die reizvollsten Ausblicke auf die Stadt, die auch nur vom Wasser aus zu entdecken sind. Los geht's von der Anlegestelle an der Alten Brücke in Heidelberg, vorbei an reizvoller Landschaft bis nach Neckarsteinach und wieder zurück. Danach setzen wir unsere Entdeckungstour zum Wahrzeichen der Stadt fort: dem Schloss, das uns majestätisch hoch über dem Neckar und den Dächern der Altstadt mit seiner malerischen Erscheinung entzückt. Auch wenn der heutige Bau nur noch eine in Teilen restaurierte Ruine aus dem 15. Jahrhundert ist, lassen wir uns diesen Sehnsuchtsort der Romantik mit seinen geheimnisvollen Schlosssälen, eindrucksvollen Mauern und dem idyllischen Skulpturen-Park auf keinen Fall entgehen. Vom Schloss aus führt eine steile Treppe hinauf auf den Königsstuhl. Mit seinen 567,8 Metern ist er zwar nicht die höchste Erhebung Heidelbergs, die Aussicht lohnt aber allemal. Am Fuß des Schlossbergs tauchen wir dann in die Heidelberger Altstadt ein: den Kornmarkt mit der Madonnenstatue und seinen wunderbaren Bauwerken wie dem Palais Graimberg, sehenswerten Bürgerhäusern aus der Biedermeierzeit, die längste Fußgängerzone Europas, die Heiliggeistkirche mit ihrer Aussichtsplattform, die alte Karl-Theodor-Brücke mit seinem Brückentor und natürlich die Alte Universität. Deren Bibliotheksgebäude gilt als eines der prächtigsten Deutschlands. Danach wandern wir über den Philosophenweg, auf dem bereits Goethe unterwegs war. Es ist ein bekannter Rundweg gegenüber dem Schloss, der uns mit seiner einzigartigen

Denn der schönste Platz, der hier auf Erden mein, das ist Heidelberg in Wien am Rhein.

Kurt Tucholsky

↗ Schon für Goethe hatte Heidelberg »etwas Ideales«.
← Vom Philosophengarten hat man einen tollen Weitblick.

Flora fasziniert. Im Philosophengärtchen gedeihen exotische Pflanzen in Hülle und Fülle, die uns ein wenig an die Toskana erinnern.
Schon bei Tag ist Heidelberg eine bezaubernde Stadt. Aber nur nachts lässt sie sich ihre Geheimnisse entlocken: So gehen wir im Kerzenschein an der Seite eines finsteren Nachtwächters oder der zierlichen Henkerstochter durch das finstere Gassengewirr – genau dorthin, wo einst Studenten spurlos verschwanden und das eine oder andere Teufelswerk geschah!

Info

Geeignet als Einzeltouren, langes Wochenende oder Urlaub.

ANREISE

Ab München in 5,5 Std. nach Baden-Baden. Ab Baden-Baden in über 1 Std. mit einem Umstieg nach Heidelberg.

UMGEBUNG

In Heidelberg und Umgebung warten zahlreiche Wanderwege auf uns. Die Stadt liegt zwischen Neckartal, Odenwald sowie Rheintal und ist umgeben von steilen Hängen, dichten Wäldern und sanften Feldern. Die drei schönsten Wanderungen ab Heidelberg: auf dem Neckarsteig nach Neckarsgmünd, je nach Etappe zwischen 11 und 21 km. Ab Heidelberg ist der Geo-Naturpark Bergstraße-Odenwald für Einsteiger geeignet. Verschiedene Touren im Heidelberger Stadtwald – wie der Walderlebnispfad – sind auch für Familien geeignet.

AB MÜNCHEN

BIS NÖRDLINGEN UND HARBURG

28 Nördlingen und Harburg

Wo sich Himmel und Erde trafen

Mit Diamantenstaub und Romantik verzaubert Nördlingen ohne Touristenströme. In dem beschaulichen Harburg stehen wir am Tor zum Ries.

Nördlingen gehört neben Dinkelsbühl und Rothenburg ob der Tauber zu jenen mittelalterlichen Reichsstädten Deutschlands, die im Laufe der Zeit am wenigsten gealtert sind. Aber im Gegensatz zu den anderen Städten liegt Nördlingen inmitten eines Kraters. Dieser entstand vor ungefähr 15 Millionen Jahren, als ein Meteorit das Gebiet traf. Aber nicht genug: Das kleine historische Städtchen wurde auf (und mit) über 70.000 Tonnen Diamantenstaub erbaut, dem sogenannten Suevit. Das Einschlagsgebiet ist der am besten erhaltene Krater Europas und der bestforschte Impakt-Krater der Welt. Sein Becken ist das Nördlinger Ries bzw. der UNESCO-Geopark Ries.

Tipp

RIESKRATERMUSEUM

Im informativ gestalteten RiesKraterMuseum in Nördlingen erfahren wir alle Daten und Fakten zum damaligen Ries-Ereignis in leicht verständlicher Form. Gleichzeitig können wir uns alles anhand zahlreicher, teils seltener Exponate und aufschlussreicher Videos ansehen.

Nördlingen – die schönsten Ecken sind rund

Die Stadt gehört zu den bezauberndsten Ecken in Bayern. Eines der großen Highlights ist die historische Stadtmauer, die den mittelalterlichen Altstadtkern einmal komplett umschließt – fast perfekt in einem Kreis. Aus einigen Metern Höhe und auf rund 2,7 Kilometern Län-

↑ Die Stadtmauer rund um Nördlingen ist komplett begehbar.

ge bekommen wir auf einem Stadtmauer-Spaziergang wunderschöne Ein- und Ausblicke aus einer etwas anderen Perspektive. Auf die Stadtmauer gelangen wir an jedem der fünf Stadttore. Außerdem gibt es noch zwölf in die Stadtmauer integrierte Türme und eine Bastei. Im Stadtmauermuseum am Löpsinger Tor erfahren wir alles Wichtige darüber. Übrigens kann man nirgendwo sonst in Deutschland auf einem komplett überdachten und vollständig erhaltenen Wehrgang dieser Art spazieren.
Auf unserem 4,8 Kilometer langen »Historischen Rundgang«, der am Löpsinger Tor startet, gelangen wir zu der im spätgotischen Stil erbauten Kirche St. Georg mit ihrem 90 Meter hohen Kirchturm. Dieser wird von den Nördlingern einfach nur »Daniel« genannt. Sobald wir die Stufen nach oben überwunden haben, offenbart sich uns vom Rundbalkon aus ein traumhaft schöner Blick über die Dächer von Nördlingen und den Geopark. Dann geht's zum Kriegerbrunnen, der Alten Schranne, dem Rathaus, Leihhaus, zum Brot- und Tanzhaus sowie noch einigen weiteren sehenswerten Gebäuden rund um den Marktplatz. Über den Hafen- und den Tändelmarkt schlendern wir ins historische Gerberviertel, in dem früher die Gerber ihre Felle in der Eger gewaschen haben. Dann führt uns der Rundgang durch die Polizeigasse, vorbei am imposanten Hallgebäude und am Winter'schen Haus, über die St.-Salvator-Kirche zur Nördlinger Stadtmauer beim Feilturm. Ab hier nehmen wir wieder den Weg auf der historischen Stadtmauer zurück zum Ausgangspunkt. Dabei las-

sen wir uns viel Zeit. In der besonderen Atmosphäre auf dem Wehrgang genießen wir die Schönheit der Stadt in vollen Zügen, bevor wir uns in Richtung Harburg aufmachen.

Harburg am Tor zum Ries

An der Romantischen Straße unmittelbar am Durchbruch zum Ries liegt Harburg an der Wörnitz. In ihrem Altstadtbereich drängen sich zwischen dem Fluss und dem Burgberg mittelalterlich verwinkelte Fachwerkbauten und Barockgiebelhäuser. Am besten entdecken wir Harburg bei einem gemütlichen Spaziergang. Der Märchenweg führt uns von der Steinernen Brücke hoch zum über der Stadt thronenden Wahrzeichen: der

> UNESCO-Geopark Ries – Zeuge eines einschlagenden Ereignisses!
>
> **Unbekannt**

mächtigen Harburg. Dort hat jedes Zeitalter, von der Romanik über die Gotik bis hin zu Renaissance und Barock, seine Spuren in der ausgedehnten Anlage hinterlassen. Während einer der interessanten Führungen erfahren wir alles über ihre 1.000-jährige Geschichte. Von hier

erstreckt sich auch ein sagenhafter Weitblick über den Ort und die Landschaft. Vom Schloss nehmen wir den »Fußweg zum Bahnhof« zur »Schönen Aussicht« – der Name ist Programm – auf die Stadt, die Steinerne Brücke und die Harburg. Über den »Fußweg zur Stadt« wandern wir dann vom Burgparkplatz auf dem Bockrundweg durch die Natur. Auf der rund 2,5-stündigen Tour erleben wir die Ries-typische Heide, idyllische Wäldchen und genießen auf der Aussichtsplattform »Pluto« die Weitsicht ins Ries. Übrigens finden wir in Harburg in der Donauwörther Straße 25 direkt am Flussufer eine kleine Informationsstelle mit vielen Tafeln, die den Asteroideneinschlag von damals und die Geologie des Geoparks Ries erklären.

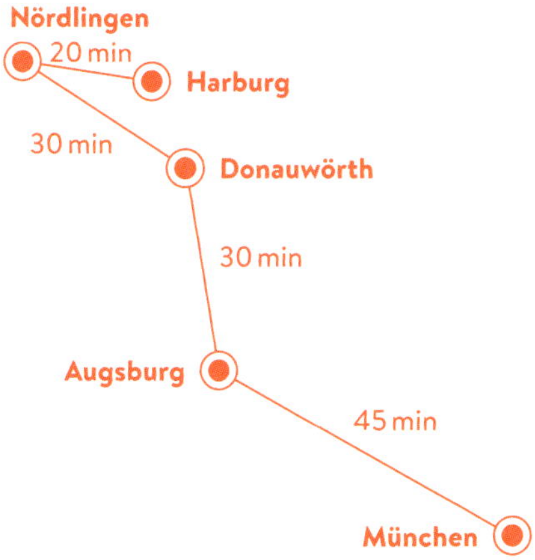

↑ Die Umgebung des Ries-Kraters
↙ Hoch über der Stadt thront die Harburg.

Info

Geeignet als Einzeltouren, Wochenendtrip oder Urlaub.

ANREISE

Ab München in 2 Std. mit einem Umstieg nach Nördlingen. Ab Nördlingen in 18 Min. nach Harburg.

UMGEBUNG

Die einzigartige Schäferweg-Rundwanderung verbindet geologische und archäologische Besonderheiten sowie typische Heidelandschaften mit grandiosen Ausblicken im Donau-Ries. Die leichte, 19 km lange Wanderung bietet viel Abwechslung, aber auch Einblicke in die Rieskrater-Landschaft. Wir entdecken den Hexenfelsen, die Suevit-Steinbrüche, den Riegelberg, die Ofnethöhlen, einen römischen Gutshof und vieles mehr. Ab Nördlingen mit dem Bus Linie 508 nach Riesbürg Alte Bürg. Gehzeit ca. 5–6 Std.

AB MÜNCHEN

BIS BAMBERG

29 Bamberg – fränkisches Rom

Klein-Venedig, Sieben-Hügel- und Bierstadt

Bunt und unwiderstehlich präsentiert sich die romantische Stadt mit unzähligen Sehenswürdigkeiten und urigen Brauereigaststätten.

Das oberfränkische Bamberg liegt ganz im Norden Bayerns und ist nur schwer in Worte zu fassen. Hier taucht man ein in eine Welt, die noch heil erscheint. Die Stadt ist ein bisschen Venedig, etwas Mittelalter und das fränkische Rom. Wie ihr italienisches Vorbild erstreckt sie sich sogar über sieben Hügel. So begeben wir uns bei unserem Besuch auf eine spannende Zeitreise durch die mehr als 1.000-jährige Geschichte.

Die UNESCO-Weltkulturerbestadt erstreckt sich malerisch an zwei Armen der Regnitz, die wiederum ein Nebenarm vom Main ist. Am Ufer der Regnitz finden wir auch einige der empfehlenswertesten Plätze Bambergs. So kann man die Stadt auch wunderbar vom Wasser aus erkunden. Dafür haben wir einige Möglichkeiten: eine klassische 80-minütige Bootsfahrt auf einer original venezianischen Gondel, eine Stand-up-Paddling- oder eine Kanutour.

Tipp

KELLER

Im Sommer bekommt man im Spezialkeller oder Spezikeller auf dem Stephansberg mit traumhafter Aussicht das bekannte Rauchbier. Übrigens immer ein »Seidla« bestellen und keine »Halbe« – außer man möchte wirklich ein »halbes« Bier.

↖ Charmant, lebendig und voller erlebbarer Geschichte: Bamberg

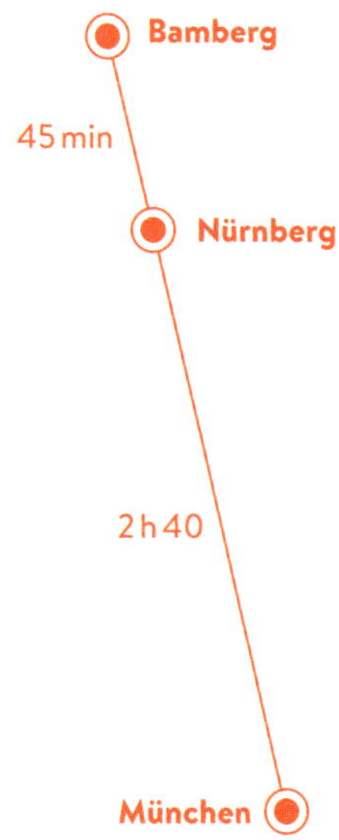

Auf meinem Land kein Rathaus

Die Innenstadt scheint ein Labyrinth aus kleinen Gassen und verwinkelten Straßen zu sein, alle mit Kopfsteinpflaster. Aber das historische Bamberg besteht aus drei Teilen: der Bergstadt, der Inselstadt und der Gärtnerstadt. Wenn man in Bamberg von der Innenstadt spricht, meint man für gewöhnlich die Inselstadt, als Altstadt bezeichnet man die Bergstadt.

Die Obere Brücke führt durch ein Tor direkt durch das Alte Rathaus, dem Wahrzeichen mit seiner einzigartigen Fassade. Dort kann man einige witzige Details entdecken wie das Engelsbein, das aus einem der Gemälde tatsächlich herausragt, fast so, als würde der Engel dem Bild entsteigen. Übrigens erzählt man sich, dass der Bamberger Bischof den Bürgern nicht gestattet hat, auf seinem Land ein Rathaus zu errichten. Deshalb hätten die Bürger es kurzerhand im Wasser gebaut. Es markierte die Grenze zwischen bischöflicher Berg-

und bürgerlicher Inselstadt. Von der Oberen Brücke haben wir einen wunderbaren Blick auf das Mühlviertel, von der Unteren Brücke auf »Klein-Venedig«. Die ehemalige Fischersiedlung aus dem Mittelalter liegt direkt am Ufer der Regnitz und hat seinen Namen zu Recht: Ein süßes Häuschen reiht sich an das nächste und wir sehen kleine Gärten und Kähne – wie in Venedig.
Dann geht's erst mal bergauf in der »Sieben-Hügel-Stadt«! Auf dem Stephansberg entdecken wir die Stephanskirche, eine Brauerei, drei Bierkeller und die Bamberger Dr.-Remeis-Sternwarte. Auf dem Kaulberg finden wir das Karmelitenkloster, die Obere Pfarre, die St.-Laurenzi-Kapelle und die Brauerei Greiffenklau. Der höchste Hügel wiederum bietet mit der Altenburg und ihrer schönen Terrasse einen tollen Panoramablick. Auf dem Jakobsberg steht die Kirche St. Jakob und markiert eine Station der vielen Pilgerwege nach Santiago de Compostela. Das Kloster Michelsberg reckt sich auf dem gleichnamigen Hügel in die Höhe. Leider wird die Kirche schon seit Langem renoviert und wir können sie nicht betreten. Dennoch lohnt sich der Weg nach oben, denn wir haben einen fantastischen Blick auf Kaiserdom und Stadt.
Der wohl berühmteste der sieben Hügel ist der Domberg. Dieser beherbergt den Dom St. Peter und St. Georg mit dem Bamberger Reiter, die Alte Hofhaltung – äußerst sehenswert – und die Neue Residenz. Übrigens wurden Heinrich II. und seine Frau Kunigunde im Bamberger Kaiserdom bestattet. Ihr Hochgrab stammt von Tilmann Riemenschneider. Zudem finden wir in der Bischofskathedrale etwas versteckt das einzige erhaltene Papstgrab nördlich der Alpen: vom Bamberger Bischof Suitger, der 1046 Papst Clemens II. wurde und hier begraben liegt. Unbedingt eine kleine Auszeit

Bamberg ist eine ziemlich große, sehr schöne und lebhafte Stadt.

Johann Kaspar Riesbeck

↗ Der Rosengarten im Innenhof der Neuen Residenz glänzt nicht nur mit seiner Blütenpracht.
← Kaiserin Kunigunde an der Unteren Brücke

im wunderbaren Rosengarten der Neuen Residenz einplanen – dort lohnt sich auch ein Besuch des Museums. Neben zahlreichen Werken der barocken und altdeutschen Malerei gibt es drei Prunkappartements und insbesondere den barocken Kaisersaal zu bestaunen. Auch wenn man sich weniger für Kunst interessiert – allein der imposante Kaisersaal ist den Eintritt wert. Last but not least gibt es noch den Abtberg. Dieser gehörte dem Abt des Klosters Michelsberg. Natürlich dürfen wir uns ein leckeres Bier in der »wahren Hauptstadt des Bieres«, wie sich Bamberg selbst bezeichnet, nicht entgehen lassen. Schließlich gibt es das Bamberger Reinheitsgebot schon 27 Jahre länger als das bayerische.

Info

Geeignet als Tagestour oder Wochenendtrip.

ANREISE

Ab München in knapp 3,5 Std. mit einem Umstieg nach Bamberg.

UMGEBUNG

In 55 Min. ab Bamberg mit dem Bus 991 erreichen wir den Ebracher Forst mit dem Baumwipfelpfad Steigerwald. Der 1150 m lange Holzpfad, der sich auf Höhe der Baumkronen durch den Wald schlängelt, ist ein lehrreiches Vergnügen. Wir erfahren viel über den Wald und die nachhaltige Nutzung. Der Wipfelpfad endet auf dem 42 m hohen Aussichtsturm, von dem wir einen ganz besonderen Blick auf den Steigerwald haben. Zudem gibt es hier oben regelmäßig Falknereivorführungen. Auf dem Gelände finden wir auch noch ein Wildtiergehege, einen Streichelzoo, Kiosk und ein Restaurant.

AB MÜNCHEN

BIS
SIGMARINGEN

30 Sigmaringen und Naturpark Obere Donau

Hohenzollern und Radlerlebnisse

In Sigmaringen die Geschichte hautnah entdecken: auf dem Donauradweg entlang von Burgen, Schlössern und der Donauversickerung durch Donaupark und Donautal.

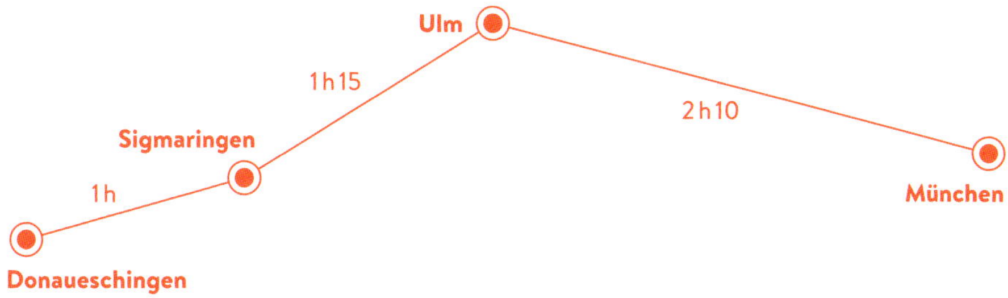

Sigmaringen befindet sich am Ausgang des rund 40 Kilometer langen Donaudurchbruchs durch die Schwäbische Alb. Die kleine ehemalige Residenzstadt liegt im Naturpark Obere Donau, dort, wo sich die Donau ihren Lauf eindrucksvoll in mächtige Felsen und Wälder gegraben hat. Hoch über der Stadt thront das prachtvolle Hohenzollernschloss. Es sticht nicht nur wegen seiner exponierten Lage ins Auge, sondern auch aufgrund seiner beeindruckenden Ausmaße. Auf dem rund 200 Meter langen Bergrücken liegt es oberhalb des Flusses. Es ist das größte aller Donautal-Schlösser und eines der größten Stadtschlösser Deutschlands. Im Mittelalter war es eine wehrhafte Burg. Die heute noch erhaltenen Burgreste stammen aus der Stauferzeit.

Im Lauf der Jahrhunderte bauten verschiedene Adelsfamilien die Wehranlage zu einer repräsentativen Residenz aus. Mit Karl I. wurde es dann endgültig zum Hohenzollernschloss und ist seit 1534 Sitz der Grafen und späteren Fürsten von Hohenzollern-Sigmaringen. Doch der Dreißigjährige Krieg und zerstörende Brände hinterließen ihre Spuren und veränderten das Aussehen des Residenzschlosses. In seiner heutigen Größe und seinem Aussehen ist es das Ergebnis dreier Bauepochen. Wir besichtigen das Prachtgebäude entweder im Rahmen einer Führung oder eigenständig mittels eines Audioguides. Die Präsentation der größten privaten Waffensammlungen ist sicher ein Highlight, genauso wie die Waffenhalle, die in einem neogotischen Rippengewölbe untergebracht ist.

Vom Schloss aus geht es zum Rathaus und zum Marstall in die schöne Altstadt. Das repräsentative Marstall-Gebäude wurde im Jahre 1866/67 im Stil der Renaissance umgebaut und renoviert. Im Fidelishaus soll der Überlieferung nach Markus Roy – bekannt als Fidelis von Sigmaringen – geboren und aufgewachsen sein. Er machte sich als »Advokat der Armen« einen Namen. Dann geht's weiter zum Hoftheater und zum Heimatmuseum »Runder Turm«.

Sehenswert sind auch die Josefskapelle, das ehemalige Stände- und Sutorhaus, der Prinzenbau und -garten, das Prinzessinenpalais, das heutige Verwaltungsgericht und die Hedingerkirche. Das schmucke Bahnhofsgebäude im Stil der Neorenaissance haben wir bereits bei unserer Ankunft bewundert. Automobilnostalgiker und Motorradfans besuchen das Zündapp-Museum.

← Das Schloss Sigmaringen thront über der Stadt.

Naturschauspiel und -phänomen

Ab hier wird's sportlich. Mit unseren Leihrädern entdecken wir für 90 Kilometer das »Filetstück« des Donauradweges: In ein oder zwei Etappen radeln wir – entgegengesetzt – von Sigmaringen nach Donaueschingen. Diese Region gehört sicher zu den landschaftlich eindrucksvollsten Abschnitten des gesamten Donauradweges, denn nirgends sonst sind so viele Schlösser und Burgen zu besichtigen wie hier. Dazu gehören die mittelalterliche Burg Wildenstein, Schloss Werenwag oder Schloss Bronnen, die Ruine Falkenstein und Schloss Hausen im Tal. Daneben gibt es viele namhafte Gesteinsformationen wie den Bischofs-, Teufelsloch- oder den Glasträgerfelsen. Einen Besuch wert sind auch das Kloster Beuron und die Kirchenruine Maria Hilf. Auch die Kolbinger Höhle, ebenfalls als Stephanshöhle bekannt, liegt auf diesem Abschnitt des Radfernweges. Der Donaudurchbruch hinter Fridingen ist mit vielen Felsen und ganzen Gesteinsmassiven geschmückt. Eine wunderschöne Flusslandschaft finden wir zwischen Möhringen und Tuttlingen sowie in Letzterer auch einen einladenden Donaupark, der zum Verweilen einlädt. Zehn Kilometer weiter, mitten durch das Durchbruchstal der Donau, entdecken wir schroffe, weiß blitzende Kalkfelsen, mächtig steil abfallende Gesteinswände und dazwischen schlängelt sich die Donau entlang.

Aller Wasser König, der Rhein, die Donau soll seine Gemahlin sein.

Unbekannt

Tipp

PER EXPRESS

Wer die Region weniger sportlich entdecken möchte, der nimmt zwischen April und Oktober den Freizeit-Express »Obere Donau«, beginnend in Sigmaringen und durchs idyllische Donautal nach Immendingen und von dort weiter nach Donaueschingen bzw. nach Blumberg-Zollhaus.

↗ Der Donauradweg führt durch eine unvergleichliche Landschaft.
← Die Donauquelle erscheint unspektakulär.

Die Donauversickerung bei Immendingen ist ein einzigartiges Naturphänomen, das den Strom nicht nur ins Schwarze Meer, sondern gleichzeitig auch in die Nordsee fließen lässt. Denn kaum entsprungen, verschwindet der Fluss knapp 35 Kilometer nach Donaueschingen schon wieder. Beim Eintritt in das Kalkgestein der Schwäbischen Alb versinkt und versickert ein großer Teil des Wassers einfach im Boden. So liegt das Flussbett zwischen Immendingen und Möhringen über die Hälfte des Jahres trocken. Brigach und Breg bringen die Donau zu Weg und bilden an unserem Zielort Donaueschingen die Donauquelle, an der »Mutter Baar« dem jungen Fluss den Weg zum Schwarzen Meer weist.

Info

Geeignet als Einzeltour, langes Wochenende oder Urlaub.

ANREISE

Ab München in knapp 4 Std. mit einem Umstieg nach Sigmaringen. Ab Donaueschingen in 1 Std. direkt nach Sigmaringen.

UMGEBUNG

Der Abschnitt des Donauradweges von Sigmaringen nach Donaueschingen beträgt 91,7 km. Aufstieg ca. 300 m, Abstieg ca. 200 m. Empfehlenswert ist, die Radtour in zwei Tagesetappen aufzuteilen: Sigmaringen nach Fridingen 38 km. Fridingen nach Donaueschingen 53 km. Fahrradverleih in Sigmaringen. In Donaueschingen lassen wir uns einen Besuch im Fürstenbergischen Schloss samt Parkanlage und Brauerei, Donautempel, der Stadtkirche und der verschiedenen Brunnen nicht entgehen.

AB FRANKFURT

BIS KONSTANZ

31 Konstanz am Ufer des Bodensees

Schneebedeckte Berggipfel und glasklares Wasser

Die alte Konzilstadt Konstanz ist die heimliche Bodensee-Hauptstadt zwischen Ober- und Untersee, der Insel Mainau und der Schweiz.

Welche ist die schönste Stadt am Bodensee? Konstanz hätte gute Chancen auf diesen Titel, denn ihr Flair ist mediterran und ihre Atmosphäre sehr entspannt. Sie ist die größte Stadt am Bodensee und eine historische, kulinarische und sehenswerte noch dazu, die auch kulturell einiges zu bieten hat.
Das »Herz der Vierländerregion Bodensee«, wie die Stadt auch genannt wird, fasziniert mit seiner historischen Innenstadt und dem vor rund 600 Jahren bedeutsamen Konstanzer Konzil, übrigens UNESCO-Weltkulturerbe.
Es wurde auf Initiative des damaligen römisch-deutschen Königs Sigismund einberufen, um das seit 1378 andauernde Abendländische Schisma zu beenden und damit die Einheit der Kirche wiederherzustellen. Denn drei Päpste beanspruchten damals für sich, das Oberhaupt der Christenheit zu sein. Eigentlich wollte sich Sigismund zum römischen Kaiser krönen lassen, was aber nur möglich war, wenn es auch nur einen Papst gab. Im Endeffekt traten alle Päpste zurück und das Konklave konnte sich nach nur vier Tagen auf Papst Martin V. einigen. Übrigens war es das einzige Mal, dass ein Papst auf deutschem Boden gewählt wurde. Relikte und Gebäude aus der damaligen Zeit sind bis heute in der gesamten Stadt zu entdecken – so wie der Kaiserbrunnen, das Rathaus mit seinen historischen Fresken und verschiedenen Toren und Türmen.
Am besten erkunden wir die Stadt von

→ Die Statue Imperia grüßt am Hafen von Konstanz.

10
Ufer-Zone!

Norden nach Süden, d. h. auf der ehemaligen Römerstraße vorbei am Münster bis zum Schnetztor. Dabei folgen wir sozusagen der historischen Entwicklung, denn zuerst entstand der Stadtteil um das Münster und dann die Erweiterung bis zum Obermarkt. Wir starten unseren Rundgang am Hafen vor dem Konzilgebäude und schlendern bis zur Peter-Lenk-Statue der Imperia, die seit 1993 auf die Hafeneinfahrt herunterschaut. Das weltweit größte Denkmal einer Kurtisane ist unglaubliche neun Meter hoch und wiegt insgesamt 18 Tonnen. Innerhalb von vier Minuten dreht sie sich einmal um die eigene Achse. Übrigens ver-

birgt sich in ihrem Sockel die älteste Pegelmessstation Baden-Württembergs. Direkt vor der Imperia liegt die historische Fähre Konstanz. Sie war nicht nur die erste Autofähre auf dem Bodensee, sondern überhaupt die erste Fähre für Kraftfahrzeuge auf einem Binnensee in Europa. Von hier haben wir einen einzigartigen Blick auf die Silhouette der Stadt mit ihren Kirchtürmen und Hochhäusern, den Patrizierhäusern und der Kreuzlinger Vorstadt.

↑ Die Niederburg war früher das Handwerkerviertel.
↙ Der Bodensee wird auch das Schwäbische Meer genannt.

Fassadengeschichten

Durch den Stadtgarten gehen wir weiter zum Inselhotel. Es ist mit seiner Seeterrasse wohl der empfehlenswerteste Platz in Konstanz, um in der Morgensonne einen zweiten Kaffee zu trinken. Am Bahnübergang geht's weiter geradeaus in den ältesten Stadtteil, die Niederburg. Hier lebten im Mittelalter die Handwerker im Schatten des Münsters. Heute schmücken Blumen die kleinen Fenster oder ranken an den Fassaden empor, die hell und freundlich getüncht sind. Baustile verschiedener Epochen bezeugen die lange Geschichte. Wir entdecken Fachwerkhäuser, enge Gassen, alles ein bisschen schief und krumm, aber genau das macht den Ortsteil so charmant. Im Norden gelangen wir ans Rheinufer, genauer gesagt zum sogenannten Seerhein. Hier finden wir den Rheintorturm, einen von insgesamt drei noch erhaltenen mittelalterlichen Wehrtürmen.
Am Münsterplatz entdecken wir Häuser aus den letzten sechs Jahrhunderten und ein kräftig rotes Kulturzentrum aus den 1990er-Jahren. Auf vielen Fassaden in der Altstadt prangen eindrucksvolle Gemälde, die Geschichten von früher erzählen. So wie das Turmhaus, dessen Bild den früheren Fischmarkt darstellt: Die Tische biegen sich vor lauter Last. Sogar ein paar Hummer hat der Maler mit reingeschmuggelt. Übrigens waren das Vorbild dieser Türme die Geschlechtertürme in Bologna und San Gimignano, mit denen die Besitzer ihren Reichtum zur Schau stellten.

Tipp

BOOTSFAHRT

Wenn wir schon am Bodensee sind, dürfen wir uns eine Bootsfahrt auf Deutschlands größtem Binnengewässer nicht entgehen lassen. Eine spannende Angelegenheit ist die Verbindung von Konstanz nach Friedrichshafen. Mit dem Katamaran gelingt diese in 50 Min. Stündlich legen Boote vom Hafen Konstanz bzw. Friedrichshafen ab, leider noch mit dicken Dieselmotoren.

Panoramablick vom Münster

Natürlich ist das Münster Unserer Lieben Frau mit den Bauteilen aus den Stilepochen Romanik, Gotik, Barock und Moderne ein absolutes Muss. Vom 78 Meter hohen Turm des ehemaligen Bischofssitzes haben wir eine atemberaubende Aussicht über die Stadt und den Bodensee. Wer dann etwas Ruhe sucht, geht am besten zum Pfalzgarten mit der Mariensäule an der Südseite des Münsters. Weiterhin sollten wir noch die ehemalige Stiftskirche St. Stephan, die Dreifaltigkeitskirche – auch »Augustinerkirche« genannt –, die Christuskirche und die Schottenkapelle St. Jakob besuchen.
Dann flanieren wir weiter zum Obermarkt. Dort gehen wir rechts durch die Paradiesstraße zur Lutherkirche, an der die ehemals bäuerliche Vorstadt »Paradies« anfängt. Durch die Kanzleistraße gelangen wir zum Rathaus mit seinen ruhigen Innenhöfen. Das Schnetztor ist das letzte Tor der früheren Stadtbefestigung, das noch als solches fungiert. Wer noch mehr alte Stadtmauer sehen möchte, kann parallel zur Neugasse entlanggehen. Über die Marktstätte geht's dann wieder Richtung See. Die frühere Oberpostdirektion an der Ecke zum Bahnhofsplatz ist einen genaueren Blick wert: Die Köpfe über den Fenstern verkörpern die fünf Kontinente. Dann gönnen wir uns eine Pause am Seeufer. Die faszinierende See- und Alpenkulisse und das glasklare Wasser des Bodensees sind hinreißend. Ein Besuch der Insel Mainau mit ihren beschaulichen Plätzen, die unbedingt entdeckt werden müssen, lassen wir uns nicht entgehen. Sie ist die drittgrößte Insel im Bodensee und wird auch als »Blumeninsel« bezeichnet. An den ganzen Gärten kann man sich vor Artenvielfalt nicht sattsehen. Im Frühjahr blühen hier über eine Million Tulpen und andere Frühlingsblumen. Im Sommer kommen duftende Rosen und Hunderte von Rhododendren dazu. Mehr als 11.000 Dahlien entzücken schließlich im Herbst. Aber auch im Winter sieht es auf der Insel ein-

Konstanz ist nicht nur eine Stadt, sondern ein Lebensgefühl!

Unbekannt

↗ Die Pfahlbauten sind unbedingt einen Besuch wert.
← Die Insel Mainau in ihrer Blumenpracht

fach magisch aus, denn dann verwandelt sie sich in einen wunderschönen Wintergarten. Zu den Sehenswürdigkeiten gehören das Palmenhaus, Schloss Mainau und die Schlosskirche mit ihren barocken Altären, der Kanzel und den Skulpturen von Joseph Anton Feuchtmayer. Erreichbar per Fahrrad, Schiff, Bahn und Bus. Allerdings befindet sich die Insel in Privatbesitz und kostet Eintritt!

Info

Geeignet als (sehr) langes Wochenende oder Urlaub.

ANREISE

Ab Frankfurt am Main in knapp 6 Std. und zwei Umstiegen nach Konstanz.

UMGEBUNG

Die nachgebauten Pfahlbauten in Unteruhldingen sind ein absolutes Highlight. Hier finden wir Archäologie zum Anfassen und noch ein UNESCO-Weltkulturerbe. Wir gehen über die Holzstege und werfen Blicke ins Innere der Rekonstruktion der Pfahlbauten. Das Museum ist sehr sehenswert. Erreichbar ab Konstanz mit dem Bus in etwas über 1 Std. und einem Umstieg. Oder wir nehmen die Fähre nach Meersburg, dem (zweit-)schönsten Ort am Bodensee. Hier sehen wir uns die Burg, das Neue Schloss, die Altstadt mit ihren Gassen und der Uferpromenade genauer an. 35 Min. mit der Fähre ab Konstanz.

AB FRANKFURT

BIS BONN
UND AACHEN

32 Bonn und Aachen

Denkmäler und Musik treffen auf Geschichte und Thermalwasser

Als eine der ältesten Städte Deutschlands lockt Bonn mit vielen Highlights. Aachen mit seinem Kaiserdom gilt als Symbol des Wiederaufstiegs Westeuropas.

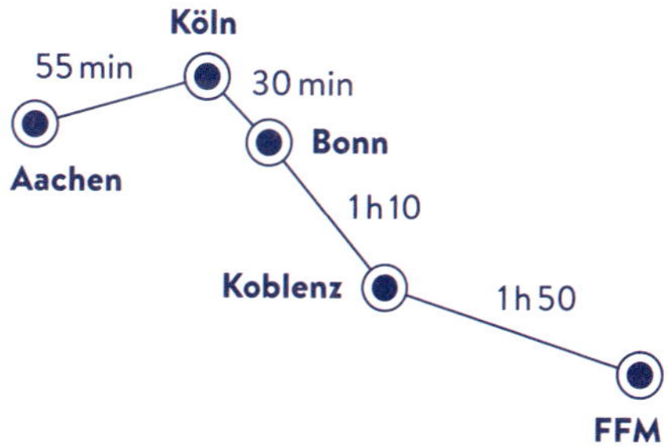

Bonn als ehemalige Hauptstadt der BRD blickt auf eine lange Geschichte zurück und ist eine der ältesten Städte Deutschlands. Hier finden wir eine Menge historischer Bauwerke und Denkmäler, die wir unbedingt besuchen sollten.

Wir starten mit dem barocken Poppeldorfer Schloss, das ursprünglich als Lustschloss errichtet wurde und mit der Poppelsdorfer Allee eine Sichtachse zum Kurfürstlichen Schloss bildet. Dieses wiederum, das seit 1818 der Friedrich-Wilhelms-Universität gehört, wird von ihr als Hauptgebäude genutzt. Der Botanische Garten der Universität ist mit zwölf Hektar und seinen 11.000 verschiedenen Pflanzenarten ein wunderbarer Ort zum Entspannen und Verweilen. Im Zentrum des Uni-Geländes besuchen wir die ehemalige Bastion der Bonner Stadtbefestigung Alter Zoll. Von hier aus haben wir einen fantastischen Blick über den Rhein und das Siebengebirge. Auf dem Bonner Markt entdecken wir das imposante Alte Rathaus. Das dreistöckige Rokoko-Bauwerk war Sitz der Stadtverwaltung und wird heute nur noch zu Repräsentationszwecken genutzt.

Tipp

GRENZWANDERUNG

Wer magische Orte mag, der sollte eine Grenzwanderweg zwischen Aachen und Raeren (Belgien) machen. Dort finden wir Zyklopensteine, die einst ein einäugiger Riese hergebracht haben soll. Ebenso spannend ist der 3 km lange Weg entlang des Landgrabens. Dort an der Grenze sind die Buchen klein gewachsen – oder sind es verzauberte Prinzessinnen?

← Die Aachener Kathedrale stammt aus der karolingischen Zeit.

Berühmter Sohn der Stadt

Weiter geht's zum Bonner Münster, das im Jahre 1956 wegen seiner historischen Vergangenheit und Schönheit zur »Basilica minor« des Vatikans erhoben wurde. Natürlich dürfen wir in der Bonngasse das Geburtshaus Beethovens, dem berühmten Sohn der Stadt, und auf dem Münsterplatz seine Statue nicht verpassen. Dabei betrachten wir den Sockel der Statue etwas näher, denn hier sind Darstellungen seiner unterschiedlichen Kompositionen eingearbeitet.

Wir bewundern die Namen-Jesu-Kirche, die St.-Remigius-Kirche ohne Kirchturm und die romanische Doppelkirche St. Maria und Clemens im Stadtteil Schwarzrheindorf. Mit ihren beeindruckenden Deckenmalereien gilt sie als eine der bedeutendsten deutschen Kirchen der Romanik.

Bevor es weiter nach Aachen geht, widmen wir uns noch der »Politik«: Zuerst besichtigen wir das wunderschöne Palais Schaumburg, das von 1949 bis 1976 der erste Dienstsitz des Bundeskanzlers war. Das schlossähnliche Gebäude wurde im 19. Jahrhundert als Stadtvilla erbaut. Der Kanzlerbungalow war bis zum Umzug der Regierung der Arbeitsplatz des Bundeskanzlers und im Bundeshaus fanden von 1949 bis 1999 die Sitzungen des Deutschen Bundestags statt.

... als Luftveränderung kann Bonn für Stunden Wunder wirken.

Heinrich Böll

Aachen – Wohnsitz Karls des Großen

Aachen liegt im Dreiländereck Deutschland, Belgien und der Niederlande. Die verkehrsberuhigte Altstadt ist geprägt von stolzen, altehrwürdigen Bauwerken und interessanter Geschichte. Das Wahrzeichen der Stadt ist das UNESCO-Weltkulturerbe Aachener Dom. Er wurde Ende des 8. Jahrhunderts im Auftrag Karls des Großen erbaut. Der Kaiser – oder auch Carolus Magnus und Charlemagne – wählte Aachen als Wohnsitz wegen der vielen heißen Quellen. Und »sein« Dom gilt als Symbol der Einigung und des Wiederaufstiegs Westeuropas nach dem Ende des Römischen Reiches. Im Inneren des Kaiserdoms sind karolingische, gotische und barocke Architektur vereint. Das besondere Highlight ist die Domschatzkammer, die bedeutendste kirchliche Schatzkammer nördlich der Alpen. Hier können wir zahlreiche sakrale Gold- und Silberschmiedearbeiten wie Kelche, Reliquiare und Altarretabel bewundern. Dann besichtigen wir das Rathaus, das eher an ein Schloss erinnert. Über die Jahre wurde es mehrfach teilweise zerstört und immer wieder verändert, auf- und ausgebaut. Es steht auf einem Teilfundament einer um das Jahr 800 erbauten Pfalz, die ebenfalls von Karl dem Großen in Auftrag gegeben wurde. Am Elisenbrunnen entdecken wir das übelriechende schwefelhaltige Thermalwasser, dem allerdings viele positive Eigenschaften nachgesagt werden. An zwei Trinkbrunnen können wir das Wasser probieren. Übrigens zählen die

↗ Das Poppelsdorfer Schloss ist ein ehemaliges Lustschloss der Kölner Erzbischöfe und Kurfürsten.
← Das Bonner Münster liegt mitten im Herzen Bonns.

über 30 Aachener Thermalquellen zu den ergiebigsten Deutschlands. Sehr entspannend ist auch ein Besuch in den Carolus Thermen mit ihrem Mineral-Thermalwasser.
Sehr beeindruckt haben uns die alten Stadttore. Äußerst sehenswert ist das Marschiertor südlich des Stadtzentrums. Es diente nicht nur als Grenztor, sondern auch als Hauptwaffensitz der Stadt. Mittlerweile fungiert es als Sitz der Stadtgarde. Ebenfalls sehenswert ist das denkmalgeschützte Gut Melaten, das aus dem 8. Jahrhundert stammt. Das Gut war einst eine Quarantänestation für Leprakranke.

Info

Geeignet als Einzeltouren oder Wochenendtrip.

ANREISE

Ab Frankfurt am Main in 3,5 Std. mit einem Umstieg nach Bonn. Ab Bonn in 1,5 Std. nach Aachen.

UMGEBUNG

Unbedingt einen Besuch wert ist die – auch optisch – beeindruckende Kunst- und Ausstellungshalle in Bonn. Sie wurde 1992 eröffnet und zeigt Wechselausstellungen mit bedeutenden Kunstschätzen und Kulturgütern aus der ganzen Welt. Ein kleines Stück von Bonn entfernt, aber von der Stadt aus gut sichtbar, befindet sich das unter Denkmalschutz stehende Schloss Drachenburg. Es wird gern als eindrucksvolle Kulisse für Film- und Fernsehproduktionen genutzt – unter anderem »Schtonk!« (1992) und »Babylon Berlin«.

AB FRANKFURT

BIS METTLACH

33 Mettlach an der Saar

Mehr als nur eine 300-Grad-Kehrtwendung

Dort, wo die kleine Schwester der Mosel eine denkwürdige »Kurve« zieht und ein Naturdenkmal schafft, gibt es noch viel mehr zu entdecken.

Auch die kleine Schwester der Mosel kann das mit der Kurve. Sie kreierte mit ihrer großen Saarschleife ein Naturdenkmal, Ausflugsziel und ein einzigartiges Schauspiel. Denn hier vollzieht der mit 235 Kilometern längste Zufluss der Mosel eine Kehrtwendung um 300 Grad. Hinter dem Merziger Stadtteil Besseringen nimmt das Phänomen seinen Lauf und endet in Mettlach. Die beiden Orte liegen nur etwa zwei Kilometer Luftlinie voneinander entfernt. Doch die Saar fließt einen fast zehn Kilometer langen Umweg durch eine tiefe Schlucht, um ein felsiges Hindernis herum.

Schon der Aussichtspunkt Cloef im Mettlacher Ortsteil Orscholz, von dem man das Naturwunder in 180 Metern Höhe bewundern kann, ist außergewöhnlich. Getoppt wird dies allerdings noch durch den imposanten Baumwipfelpfad Saarschleife, der auf einem imposanten 42 Meter hohen Turm endet. Dabei bahnt ein 1.250 Meter langer Holzsteg den Weg hinauf in die Baumhöhen. Es geht vorbei an Buchen, Eichen und Douglasien, bis man die Plattform mit einem Blick auf die Landschaft des Naturparks Saar-Hunsrück und auf die Saarschleife erreicht.

Um die nächste Sehenswürdigkeit zu entdecken, müssen wir etwas genauer hinschauen. Denn die Burgruine Montclair, um die es geht, liegt versteckt in dem Wald, den die Saarschleife so attraktiv umfließt. Dieser befindet sich auf einem hohen und etwa fünf Kilometer langgestreckten Bergrücken, dem sogenannten Burgberg südlich von Mettlach. Schon unser Hinweg ist ein Abenteuer, denn eine kleine Fähre (Welles) bringt uns vom Ort Steinbach an das andere Ufer der Saar. Wer übersetzen will, der klingelt einfach die Glocke.

Innerhalb der Saarschleife finden wir auch noch die ehemalige Klosterkirche St. Gangolf. Dort starten wir dann unser »Walderlebnis Montclair«. Ein 3,5 Kilometer reichender Wanderweg führt uns an insgesamt zwölf Info- und Bewegungsstationen vorbei zur Burg.

Einmal selbst sehen, ist mehr wert als hundert Neuigkeiten hören.

Japanisches Sprichwort

↖ Die Burg Montclair liegt rund 290 Meter hoch.

→ Ein Erlebnis: der Baumwipfelpad an der Saarschleife

Mächtige Mauern und trutzige Türme

Montclair mit ihren trutzigen Türmen war früher eine der größten und mächtigsten Burgen der Region und galt als uneinnehmbar. Allerdings war das ein Irrtum. Denn 1351 wurde das Bollwerk erobert und später geschleift. Mehr über die spannende Geschichte erfahren wir im Rahmen einer Führung durch die alten Gemäuer mit Burgherrn, Burgdamen und Gespenstern. Heute präsentiert sich die Ruine mit Bistro, Biergarten und Wehrtürmen, von denen wir hoch oben einen fantastischen Weitblick über die Landschaft genießen.
Natürlich können wir rund um die Saarschleife auch wunderbar wandern. Der 410 Kilometer lange Saar-Hunsrück-Steig führt hier entlang, genauso wie die Traumschleife Cloefpfad. Die für uns wohl eindrucksvollste Runde um die Schleife ist die beliebte »Tafeltour«. Die 16,2 Kilometer lange Wanderung startet an der Pfarrkirche Lutwinus in Mettlach, führt entlang

Tipp

JUWEL

Ganz in der Nähe von Mettlach liegt die Klause in Kastel-Staadt. Dies ist ein ganz besonderer, fast schon mystischer Ort. Denn etwa 200 m über der Saar hat im Jahr 1834 Karl Friedrich Schinkel ein Meisterwerk als Grabkapelle für den erblindeten König Johann auf einen vorspringenden Sandsteinfelsen gebaut. Das Bauwerk mit Säulenarkaden und Glockengiebel ist ein Juwel der Spätromantik.

↓ **Die Saarschleife kann am besten vom Aussichtspunkt Cloef (Orscholz) besichtigt werden.**

abenteuerlicher Pfade durchs urige Steinbachtal, am Aussichtspunkt Cloef und an der Burg Montclaire vorbei. Etwa sechs Stunden sollten wir für die mittelschwere Tour mit Pausen einplanen.
Wer es nicht so sportlich mag, der nimmt einen der Ausflugsdampfer, die ab Mettlach mehrmals täglich die gesamte Saarschleife entlangschippern. Spannend ist der Beginn der 90-minütigen Fahrt, wenn die Schleuse Mettlach das Schiff um elf Meter auf 167 Meter über dem Meeresspiegel anhebt. Dann starten wir die Einfahrt in das Naturschutzgebiet und durch die allseits bekannte Krümmung.
Aber auch Mettlach sollten wir uns etwas näher ansehen, denn der kleine Ort hat einiges zu bieten, wie das Erlebniszentrum in der Alten Abtei des Keramikherstellers Villeroy & Boch. Wer denkt, dass es um Waschbecken und Toiletten geht – weit gefehlt. Wir entdecken beispielsweise das offizielle Papstgeschirr Benedikts XVI. oder einen historischen Milchladen, vom Boden bis zur Decke mit 15.000 handgearbeiteten Fliesen dekoriert. Aber auch den Alten Turm, die St.-Lutwinus-Kirche mit den in Deutschland einzigartigen Alabaster-Chorfenstern, die Mettlacher Staurothek und die Mettlacher Erlebnisbrauerei mit selbst gebrautem »Mettlacher Abtei-Bräu« sollten wir uns nicht entgehen lassen.

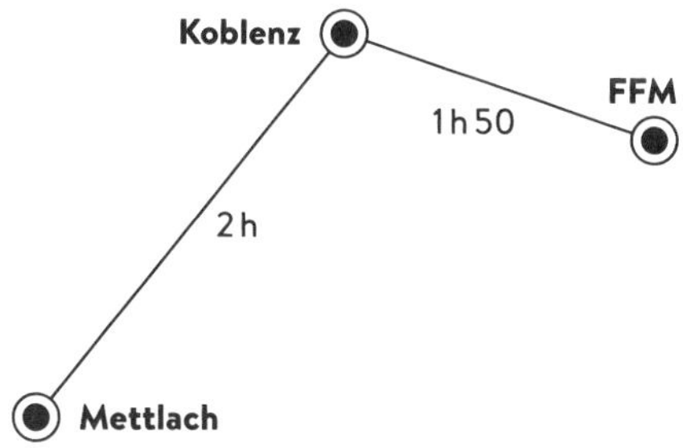

Info

Geeignet als Wochenendtrip oder Urlaub.

ANREISE

Ab Frankfurt in knapp 4 Std. mit einem Umstieg nach Mettlach.

UMGEBUNG

Ein Kontrast zur idyllischen Naturkulisse finden wir in Völklingen, etwa 40 km und ca. 30 Min. mit der Bahn von Mettlach entfernt. Dort können wir das weltweit erste Technikdenkmal der UNESCO besichtigen: das Weltkulturerbe Völklinger Hütte. Sie ist die einzige noch vollständig erhaltene Eisenhütte des 19. und 20. Jahrhunderts aus der Blütezeit der Industrialisierung. Auf dem Programm stehen zum Beispiel der Erzbunker, die Kokerei und natürlich eine Aussichtsplattform. Zum Denkmal gesellt sich dann noch die Natur: Am eindrucksvollsten belegt dies die Garten-Wildnis des Paradieses auf dem Areal der Kokerei.
Wer noch Zeit hat, besucht den Wasserfall in Saarburg. Die über 1.000 Jahre alte Stadt fasziniert mit Fachwerk, einer Burgruine, Barock und zahlreichen Cafés und Restaurants. Die gesamte Altstadt mit ihren bunten Fischer- und Schifferhäusern ist ein einziges Highlight. Und mitten in der Stadt stürzt sich ein Wasserfall fast 20 m in die Tiefe. Übrigens wurde gleich daneben im »Petit Café« der Saarburger Apfelstrudel erfunden.

AB FRANKFURT

BIS GARMISCH-PARTENKIRCHEN

34 Garmisch-Partenkirchen am Fuße der Zugspitze

Ursprünglich, originell und urig

In den Bayerischen Alpen zwischen hohen Berggipfeln und saftigen Wiesen entdecken wir nachhaltiges Wandern und spektakuläre Naturdenkmäler.

Garmisch-Partenkirchen in Oberbayern gilt als Ausgangspunkt zu einigen der bekanntesten Sehenswürdigkeiten Deutschlands. Zudem richtet die Stadt jährlich das traditionelle Neujahrsspringen im Rahmen der Vierschanzentournee aus. Sie liegt in den Bayerischen Alpen, am Fuße der Zugspitze – dem höchsten Berg Deutschlands – zwischen hohen Berggipfeln und saftigen Wiesen. Entstanden ist die Stadt aus den zwei Gemeinden Garmisch und Partenkirchen. Diese wurden 1935 mehr oder weniger freiwillig zusammengeführt, damit die Stadt die Olympischen Spiele austragen konnte. Die Partnach, die neben der Loisach durch Garmisch-Partenkirchen fließt, ist die Grenze zwischen den Gemeinden. Heute ist Garmisch-Partenkirchen ursprünglich und urig, aber auch originell und einmalig. Eine der schönsten Straßen ist die Lud-

Tipp

LECKERSCHLECKER

Ein Traum für Schokoladenfans ist die Chocolaterie Amelie in der Ludwigstraße. Hier werden nur die besten Rohstoffe verwendet und in Handarbeit zu leckeren Schokoladenkreationen verarbeitet. In der gläsernen Manufaktur kann man sogar die Chocolatiers bei ihrer täglichen Arbeit beobachten.

↑ Hoch über allen anderen, oben auf der Zugspitze …

wigstraße im Stadtteil Partenkirchen. Hier reihen sich bunte Häuser mit Malereien, Erkern, Auslegern und Stuckierungen aneinander. Vor allem die berühmte Lüftlmalerei können wir bewundern. Sie ist eine heimische Kunstform der Fassadenmalerei, insbesondere in Oberbayern und Tirol. Übrigens verlief vor gut 2.000 Jahren durch die Ludwigstraße die römische Handelsstraße Via Raetia, die zwischen Augsburg und Venedig entlangführte. Wer die Stadt und die Region noch näher kennenlernen möchte, der bucht am besten eine Oldtimer-Tour. In liebevoll restaurierten Karossen geht es dabei durch die Stadt, um jene Orte zu besuchen, die abseits der Touristenmassen liegen.

Gipfelstürmer auch ohne Kondition

Wer hierherkommt, hat jede Menge Möglichkeiten, die Gegend auf nachhaltigen Wanderwegen zu entdecken. Obwohl sich rund um die Stadt hohe Gipfel erheben, bedeutet das nicht, dass wir Höchstleistungssportler sein müssen. Denn es gibt viele Wanderwege auf einfacheren Routen, die keine allzu großen Steigungen beinhalten. Und falls Schusters Rappen streiken, bringen uns Seil- und Bergbahnen auf die Gipfel.
So wie auf den Aussichtsberg der Stadt: Der Wank ist 1.780 Meter hoch und mitten aus Partenkirchen zu erreichen. Mit der Wankbahn sind wir in 20 Minuten auf der natürlichen Aussichtsplattform. Die Sportlichen unter uns nehmen die ca. 3,5-stündige Route mit überwältigendem Blick auf das Wettersteinmassiv und die Zugspitze. Dabei unbedingt die Tannenhütte (ehemals Gamshütte) besichtigen, denn hier wurden mehr als 500 Tannen nachhaltig verbaut. Das Ergebnis kann sich sehen lassen: eine helle Holzhütte mit hoher Fensterfront!
Wahrscheinlich der schönste See Deutschlands ist der fast schon magisch anmutende, aber leider oft überlaufene Eibsee, das Natur-Highlight am Fuße der Zugspitze. Am besten verbinden wir beide Sehenswürdigkeiten und fahren mit der Seilbahn auf die Zugspitze, um dann mit der Zahnradbahn abzufahren. Dabei

passieren wir den Eibsee und können dort auch aussteigen. Etwas idyllischer geht es am Rießersee zu. Der liegt auf 785 Metern Höhe im Wettersteingebirge und ist von Garmisch auf einem entspannten Spazierweg zu erreichen. Oben angekommen, werden wir mit einem fantastischen Panorama belohnt. Denn über dem Wasser ragen der Waxenstein und der Kramer empor und bei klarem Wetter spiegelt sich das Zugspitzmassiv auf der Wasseroberfläche. Übrigens kann man den Rießersee in nur 20 Minuten umrunden.
Eine der schönsten Schluchten Deutschlands liegt nur zwei Kilometer hinter dem Olympiastadion. Deshalb lässt sich der Besuch dieser beiden Sehenswürdigkeiten bestens kombinieren. Die naturgewaltige Partnachklamm, in der sich die durch Gletscherwasser gespeiste Partnach mit aller Kraft ihren tosenden Weg durch die Felsenschlucht bahnt, ist ein absolutes Muss. Wer dann noch nicht genug hat, besucht noch die Höllentalklamm. Dies können wir wunderbar mit einem Bergerlebnis der besonderen Art

↑ Die Partnachklamm ist berühmt für ihr Gletscherwasser.
↙ Ursprünglich und wunderbar bayerisch ist der Ortsteil Garmisch.

verbinden: der Alpspitze. Entweder wandern oder fahren wir mit der Alpsitzbahn auf den Osterfelderkopf in 2.057 Metern Höhe. Dort sollten wir unbedingt den kurzen Gipfel-Erlebnisweg mit spektakulären Ausblicken auf die Berge entlangschreiten und von der Aussichtsplattform AlpspiX den einzigartigen Ausblick auf die Zugspitze und in die Höllentalklamm genießen.

Info

Geeignet als langes Wochenende oder Urlaub.

ANREISE

Ab Frankfurt in 7 Std. und drei Umstiegen nach Garmisch-Partenkirchen.

UMGEBUNG

So klein und doch so groß von Bedeutung ist Oberammergau. In 40 Min. erreichen wir per Bus das Zentrum der Holzschnitzkunst und gleichzeitig den weltberühmten Passionsspielort. Nicht nur für Kunstliebhaber ist Murnau ein kleines Schmuckstück. Die idyllische Landschaft über dem Murnauer Moos war bereits für Künstler von Wassily Kandinsky bis Gabriele Münter Muse und Erholungsort. Auch heute sammelt man hier an jeder Ecke neue Eindrücke und Inspirationen. Unbedingt das Schloss und das Münter Haus mit den Ausstellungen besuchen. Erreichbar mit dem Zug in 26 Min.

35 Bad Kissingen und Bad Brückenau

Heilend, vielseitig und historisch

Zeitreise nach Bad Kissingen, der Kurstadt, Bayerisches Staatsbad und UNESCO-Welterbe. Bad Brückenau liegt mitten im UNESCO-Biosphärenreservat Rhön.

Namhafte Persönlichkeiten wie König Ludwig II., Kaiserin Elisabeth von Österreich-Ungarn, Fürst Otto von Bismarck, Theodor Fontane, Gioachino Rossini oder Max Liebermann fühlten sich bereits von diesem besonderen Ort angezogen. Denn in der UNESCO-Weltkulturerbe-Stadt »Great Spa Towns of Europe« Bad Kissingen empfangen uns himmlische Ruhe und vielfältige Wellness-Angebote. Oder wir lassen die Seele bei einem Spaziergang in der malerischen Landschaft baumeln und bestaunen die vielen kulturellen Sehenswürdigkeiten. So fährt uns die GeckoBahn zum einzigartigen historischen Kurviertel mit dem größten Ensemble historischer Kurbauten Europas. Wir besichtigen den Regentenbau mit seinen beeindruckenden Sälen, der als Herzstück der Stadt gilt. Er verbindet die Kuranlagen mit dem historischen Ortszentrum. Oder wir bestaunen die Wandelhalle, die eher einer Basilika ähnelt, mit der drehbaren Konzertmuschel und dem integrierten Brunnenhaus. Dies ist übrigens die größte Trinkkurhalle Europas, in der wir täglich von 7 bis 9 Uhr sowie werktags von 16 bis 18 Uhr Heilwasser für unsere Trinkkur erhalten und uns die Wirkungsweisen genau erklärt werden.

Eine besondere Zeitreise

Am Arkadenbau flanieren wir zwischen Palmen und Oleander wie Kaiserin Sisi durch den wunderschönen Kurgarten und besichtigen den Maxbrunnen, die älteste der Heilquellen. Eingebettet in den 15 Hektar großen Luitpoldpark, finden wir das gleichnamige Bad – mit 140 Metern Länge und 80 Metern Breite das ehemals größte Badehaus Europas. Eine weitere Besonderheit ist der Multimedia-Brunnen. Hier werden passend zu unterschiedlichen Liedern und Stücken eindrucksvolle Wasserchoreografien vorgeführt. Den Brunnen finden wir im zauberhaften Rosengarten mit seinen

Tipp

WEITWEGE

Bad Kissingen und Bad Brückenau sind ideale Ausgangspunkte für Wander- und Radtouren. Kilometerlange Wege bieten auf gut ausgeschilderten Routen alles, was unser Herz begehrt: ob mit dem Drahtesel zur ältesten Weinstadt Frankens, Hammelburg, oder per pedes in die Rhön. (Räder können jeweils ausgeliehen werden.)

↖ Altehrwürdig und wunderbar: der Kurort Bad Kissingen
→ Die Trinkhalle lädt zum Kuren ein.

mehr als 125 Rosenarten. Direkt am Saaleufer gelegen, ist der Park nicht nur ein toller Ort für einen Spaziergang, sondern auch, um den Abend mit einem Eis oder einem Glas Wein ausklingen zu lassen. Ein Muss – nicht nur für Kulturliebhaber – ist das Kurtheater. Bitte nicht vergessen, einen Blick auf das unglaubliche Deckengemälde zu werfen. Beim Atmen am Gradierbau mit prickelnd-frischer Luft und leichtem Salzgeschmack auf den Lippen oder beim Baden in der KissSalis Therme mit ihrem warmen Thermalwasser spüren wir, wie die sieben Heilquellen, die hier sprudeln, ihre heilende Wirkung entfalten.
Abends ist ein Blick auf die imposante Spielbank zu empfehlen – wen es zum Spielen juckt, auch von innen. Weinliebhaber sollten sich die »KissVino« nicht entgehen lassen. Diese Regionalvinothek versteht es, Wein, Kunst und Kultur miteinander zu verknüpfen.

Die Nähe Gottes spüren

Die erste Heilquelle wurde in Bad Brückenau im Jahr 1747 entdeckt, heute sind es fünf Heilquellen, die hier sprudeln. Das – ebenfalls – bayerische Staatsbad im Sinntal ist als Kurort mit Heilwasserqualität bekannt. Besonders angetan hat es uns der Stadtteil Staatsbad, der direkt von den Bergen der Rhön umgeben ist. Dort reihen sich wie an einer Perlenkette die prächtigen historischen Gebäude im eleganten barocken Schlosspark aneinander. Dieser eindrucksvolle und liebevoll gepflegte Schlosspark lädt zum Verweilen und Innehalten ein. Hier finden wir schnell unseren Lieblingsplatz, und wenn wir die Augen schließen, können wir uns direkt vorstellen, wie Ludwig I. mit seiner großen Liebe Lola Montez durch den Park flanierte – vermeintlich unbeobachtet vom Rest der Welt.
Um die Wallfahrtskirche Zum Heiligen Kreuz zu besichtigen, begehen wir den eindrucksvollen Kreuzweg zum weithin sichtbaren, 552 Meter hohen Volkersberg. Den Einstieg in den Volkersberger Kreuzweg finden wir an der äußeren Einfahrt der heutigen Jugendbildungsstätte. Die Kreuzweganlage mit ihren 13 Stationshäuschen gilt als wertvolles Kunstwert des franziskanischen Barocks und zieht sich an der Nordflanke des Berges bis vor die Kirche. Hier oben, sagt man, berühren sich Himmel und Erde. Übrigens ist für das leibliche Wohl in der Klosterschänke gesorgt.

↗ Bad Brückenau steht Bad Kissingen in nichts nach.
← Kurgärten laden zum Flanieren ein.

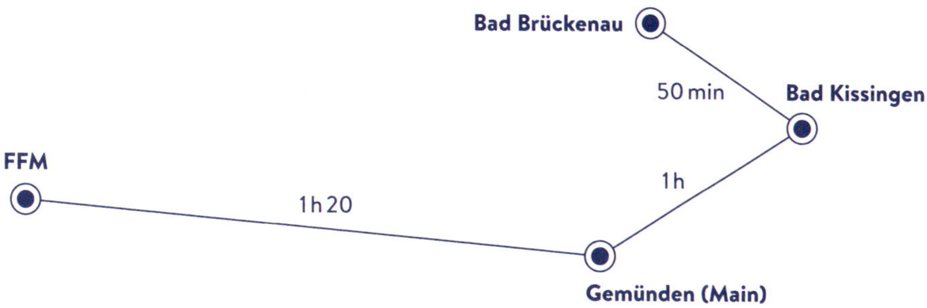

Info

Geeignet als Einzeltouren, Wochenendtrip oder Urlaub.

ANREISE

Ab Frankfurt in 2,5 Std. mit einem Umstieg nach Bad Kissingen. Ab Bad Kissingen mit dem Bus in 50 Min. nach Bad Brückenau.

UMGEBUNG

Die wohl schönsten Zeugnisse aus der Zeit des Barocks sind in Fulda zu finden, erreichbar per Bus in knapp 2 Std. Kunstschätze wie der Fuldaer Dom, das Schloss und die Orangerie spiegeln die über 1.250-jährige Geschichte wider. Ein besonderes Bauwerk ist das Schloss Fasanerie. Übrigens erstreckt sich der Schlossgarten zwischen dem Gebäude der Orangerie und dem Fuldaer Schloss. Die Parkanlage stammt aus dem 18. Jahrhundert und sein Aussehen wurde der jeweiligen Zeit angepasst.

AB KÖLN

BIS ROTHENBURG OB DER TAUBER

36 Malerisches Rothenburg ob der Tauber

Fachwerk und Mittelalter

Die Altstadt mit den vielen Türmen, uralten Häusern, verwinkelten Gassen, Toren, Brunnen, Wehranlagen und Weinstuben verzaubert wirklich jeden.

Im Ausland zählt Rothenburg ob der Tauber zu den beliebtesten Reisezielen in Deutschland. Kaum zu glauben, dass die meisten Deutschen selbst noch nie hier waren. Dabei hat diese kleine Stadt einen ziemlich beachtenswerten Ruf, denn sie zählt zu den schönsten Kleinstädten Deutschlands. Ohne Frage, denn die zahlreichen historischen Fachwerkhäuser in der mittelalterlichen Altstadt mit ihren 42 historischen Türmen, schiefen Häusern sowie den malerischen kopfsteingepflasterten Gässchen sind einfach wunderschön anzusehen und verströmen einen besonderen Charme.

In ihrer Blütezeit als Reichsstadt war Rothenburg einer der 20 größten Orte im Heiligen Römischen Reich und so groß wie das heutige Liechtenstein. Im 18. Jahrhundert wurde Rothenburg von Künstler:innen der Romantik wiederentdeckt. Es kamen deutsche Maler wie

Tipp

NACHTS UNTERWEGS

Mit dem Nachtwächter durch schmale Gassen! Während unserer Führung erfahren wir mehr über die Schattenseiten, den Gestank und das Leid des Mittelalters. Gleichzeitig lernen wir den wahren Grund kennen, warum Rothenburg nach der Eroberung im Dreißigjährigen Krieg seine Schönheit nicht verlor.

→ Neben den historischen Besonderheiten bietet Rothenburg eine vortreffliche Weinkulinarik.

Schopf
Galerie
Sparkasse

Anton Doll, der Engländer Arthur Wasse oder der US-Amerikaner Toby Rosenthal und waren von der herrlichen Lage im Taubertal, den verwinkelten Gassen und dem leicht ruinösen Charme verzaubert. Ihre Gemälde lösten einen Touristenstrom aus und dieser bewahrte auch noch später im Zweiten Weltkrieg die Stadt vor einer größeren Bombardierung.

Heute ist die Altstadt mehr als nur Kulisse (auch für zahlreiche Filmproduktionen). Rund ein Viertel der Rothenburger leben im Zentrum und viele setzen sich aktiv für den Denkmalschutz ein. So entdecken wir, wenn wir über die Stadtmauer laufen, auf den Steinen die Namen von Spendenden aus aller Welt – von der New Mexico State University bis zur japanischen Fremdenverkehrszentrale –, die nach dem Zweiten Weltkrieg den Wiederaufbau mitfinanzierten. Apropos Stadtmauer: 3,4 km lang ist die äußere ehemalige Wehranlage, die zwischen dem 13. und 15. Jahrhundert erbaut wurde. Auf dem ca. zwei Kilometer langen Wehrgang spazieren wir vom Kobolzeller Tor zum Klingentor. Der Weg wird manchmal schmaler, führt durch die mächtigen Stadttore oder wir steigen die Treppchen hoch und runter. Entlang der Mauer gibt es in regelmäßigen Abständen Treppen, die auf die Mauer hoch- bzw. hinabführen. Auch an den großen Stadttoren gelangen wir auf die Mauer. Am besten nehmen wir uns zwei bis drei Stunden Zeit, um die vielen Aussichten auf die Altstadt zu genießen und zu erkunden.

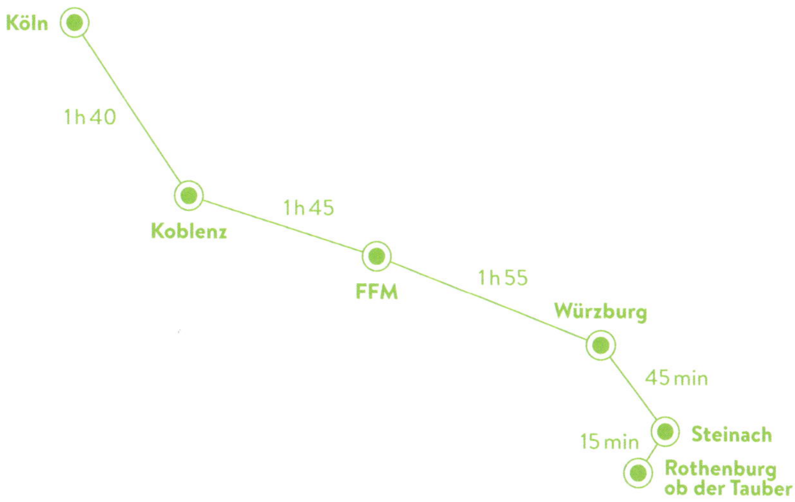

Walt Disney's Vorlage

Das vermutlich beliebteste Fotomotiv ist das »Plönlein«. Es ist aber nicht nur ein gelbes Fachwerkhaus am Eingang zum Spitalviertel, sondern das Gesamtwerk, das als »Kleiner Platz am Brunnen« (planum: ebener Platz) übersetzt wird. So geht es um das gelbe Fachwerkhaus, den Brunnen davor sowie die beiden Türme der alten Stadtmauer, links der Siebersturm und rechts der Kobolzeller Turm. Genau dieses Ensemble diente übrigens 1940 dem Walt-Disney-Klassiker Pinocchio als Vorlage.

Am Spitaltor finden wir den »modernsten« Teil der Stadtbefestigung. So begrüßt uns das Tor in lateinischer Sprache mit den Worten »pax intrantibus, salus exeuntibus« (»Friede den Eintretenden, heil den Hinausgehenden«). In diesem Viertel sollten wir unbedingt das Hegereiterhaus mit seinem spitzen Zeltdach und dem schlanken, runden Treppenturm besuchen.

Wie früher bildet der von prachtvollen Bürgerhäusern gesäumte Marktplatz, Kreuzungspunkt zweier historischer Fernhandelsstraßen, auch heute noch den Mittelpunkt der Stadt. Das imposante Rathaus mit seinen Arkaden, der Renaissance-Fassade und der großen Schautreppe beeindruckt ungemein. Auf der Aussichtplattform haben wir eine fantastische Aussicht auf die Stadt. Rund um den Marktplatz finden wir einige architektonische Perlen wie das Fachwerkpärchen Fleischhaus und Marienapotheke sowie den größten Brunnen der Stadt: Der Georgsbrunnen liegt vor der Südfassade und wurde 1608 im Stil der Spätrenaissance erbaut. Die mit einem Wappen geschmückte Säule krönt die Gestalt des namensgebenden Drachentöters. Der Brunnen ist der größte der Stadt mit acht Metern Tiefe und einem Fassungsvermögen von 100.000 Litern.

Über den Lichthof, der die beiden Gebäudeteile des Rathauses verbindet, gelangen wir in das Historiengewölbe. Dort

← Wahrscheinlich das meistfotografierte Ensemble der Stadt: das Plönlein.

werden zahlreiche Exponate des Dreißigjährigen Krieges gezeigt. Hinter den verschlossenen Toren befanden sich einst die Gewölbe der Händler, die hier ihre Waren anboten.
An der Nordseite schauen wir zu jeder vollen Stunde – von 10 bis 22 Uhr – in Richtung der ehemaligen Ratstrinkstube, die heute die Tourist-Info beherbergt, denn dann öffnen sich rechts und links der alten Stadtuhr zwei Türchen und es wird die Schlüsselszene des sagenhaften »Meistertrunks« gezeigt, in der einst der Bürgermeister Nusch die Stadt rettete. Vom Marktplatz aus führt die Hafengasse an vielen Geschäften und Cafés vorbei zum Röderbogen mit dem Markusturm, auf dem schon einige Jahre ein Storchenpaar nistet. Was für ein faszinierender Gesamtanblick!

Rothenburg ist immer ein sehr gutes Motiv.

Unbekannt

Dort, wo die Geschichte begann

An der Ecke Röderschutt und Wenggasse entdecken wir die ehemalige Gerlachschmiede, die (zu Recht) als das schönste und märchenhafteste Haus der Stadt bezeichnet wird. Auf dem Areal des heutigen Burggartens begann die fast 900-jährige Geschichte der Stadt, denn hier stand auf dem Bergsporn die 1142 von den Hohenstaufen erbaute Reichsburg. Sie wurde jedoch 1356 bei einem Erdbeben zerstört. Erhalten sind noch die Blasiuskapelle und das Gärtnerhäuschen mit Barockgarten. Durch das Burgtor betreten wir die ruhige Gartenanlage, die zum Entspannen und Verweilen einlädt. Der Turm mit seinen schönen halbrunden Wach- und Zollhäuschen ist der höchste der Stadt. Von den Aussichtsplattformen haben wir eine grandiose Aussicht auf die Stadtsilhouette und das liebliche Taubertal, wo es auch viele schöne Gebäude zu entdecken gibt. Nicht weit entfernt, besuchen wir den historischen Klostergarten der Dominikanerinnen. Der einstige Kräutergarten ist von 8 bis 19.30 Uhr geöffnet.

↗ Die Rothenburg war eine mittelalterliche Reichsburg.
← Das Trusshaus ist eines der schönsten Häuser der Stadt.

Sehenswert ist auch die St.-Jakobs-Kirche mit ihrem eindrucksvollen Heiligblut-Altar von Tilman Riemenschneider, in der sich jährlich über 1.000 Pilger auf ihrem Weg nach Santiago de Compostela treffen. Auch ein Besuch in Käthe Wohlfahrts Weihnachtsmuseum darf natürlich nicht fehlen. In der Herrngasse erfahren wir alles über die Entstehung und Weiterentwicklung weihnachtlicher Bräuche, historischer Christbäume und Weihnachtsdekorationen.

Info

Geeignet als langes Wochenende oder Urlaub.

ANREISE

Ab Köln in knapp 8 Std. mit vier Umstiegen nach Rotheburg ob der Tauber.

UMGEBUNG

Wer sich von Rothenburgs wunderschöner mittelalterlicher Altstadt trennen kann, sollte in die Landschaft des »Lieblichen Taubertals« eintauchen. Als Radfahrer oder Wanderer genießen wir die traumhafte Natur und die kulinarischen Angebote in den umliegenden Gemeinden. So bietet uns der knapp 7 km lange Rothenburger Panorama-Rundweg fantastische Ausblicke auf die Stadt. Der Weg führt uns dabei auf die Höhe der westlichen Taubertalseite, dabei durchqueren wir romantische Täler, Felder und lichte Wälder. Die Tour hat eine Dauer von ca. 2 Std. bei 182 Höhenmetern.

AB KÖLN  BIS KOBLENZ

37 Koblenz, das Deutsche Eck

Vater Rhein und Mutter Mosel

In 112 Metern Höhe über dem Rhein schwebend, genießen wir in luftiger Höhe nicht nur die spektakuläre Aussicht.

Koblenz mit seinem einzigartigen Mix aus römischer Geschichte und moderner Kultur zieht uns komplett in seinen Bann. Wir besichtigen zuerst das Deutsche Eck ganz in der Nähe der Seilbahn. Dieser geschichtsträchtige Ort erhielt seinen Namen durch die Ansiedlung des Deutschen Ordens. Kurz nach dem Tode Kaiser Wilhelms I. wollte man ihm, der nach drei Kriegen die Einigung Deutschlands herbeigeführt hatte, ein Denkmal setzen und wählte dazu das »Deutsche Eck« in Koblenz aus.

Dann entfliegen wir sanft zur Festung: Auf unserer eindrucksvollen Fahrt mit der Seilbahn über den Rhein hinauf zur Festung Ehrenbreitstein überwinden wir 112 Höhenmeter, ehe wir in 118 Metern über dem Rhein die Holzplattform auf dem Gelände der Festung Ehrenbreitstein betreten. An der spektakulären Aussicht ins UNESCO-Weltkulturerbe »Oberes Mittelrheintal« und aufs »Deutsche Eck« können wir uns nicht sattsehen. Von hier oben entdecken wir die Stadt, in der Vater Rhein auf Mutter Mosel trifft, aus völlig neuer Perspektive. Die zweitgrößte erhaltene Festung Europas wurde übrigens zwischen 1817 und 1828 erbaut. Heute finden wir ein Kulturzentrum mit dem Landesmuseum Koblenz, das Ehrenmal des Heeres und die Jugendherberge Koblenz in der Festung. Im Museum lernen wir viel Interessantes an 20 spannenden Stationen über die Festungsgeschichte, aber es gibt noch andere Ausstellungen. Auch die

← Hoch über Koblenz liegt die Festung Ehrenbreitstein.

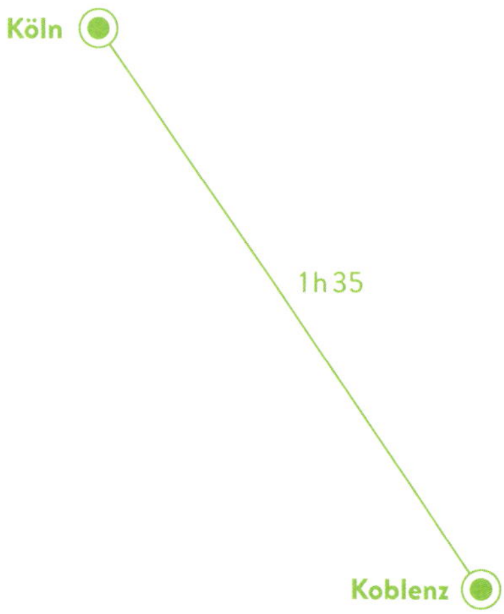

imposante, zu ihrer Zeit größte Kanone Europas, den »Vogel Greif«, schauen wir uns an.

Dann geht es mit dem Schrägaufzug bei der Jugendherberge wieder zurück in die Stadt. In knapp dreiminütiger Fahrt erreichen wir den am rechten Rheinufer gelegenen Ort Ehrenbreitstein. Die ehemalige kurfürstliche Residenzstadt war eines der ursprünglich sieben Kurfürstentümer des Heiligen Römischen Reiches und ist sehr sehenswert. Dahl ist der Ortsteil mit alten barocken Gebäuden und der Klosterkirche, die gleich drei Al-

Tipp

KUNST

Ein architektonisches Highlight ist das Forum Confluentes. Das weiß gepunktete moderne Gebäude beherbergt nicht nur die Kunstsammlung des Mittelrhein-Museums und das neue interaktive Romanticum, sondern auch die Stadtbibliothek – die innenarchitektonisch fast mit der in Stuttgart mithalten kann.

täre aus derselben Epoche von Johann Seiz beherbergt. Ebenfalls auf dieser Rheinseite finden wir das Fort Asterstein, das der Feste Ehrenbreitstein vorgelagert ist.
Entlang der prachtvollen Rheinanlagen und zurück im Herzen von Koblenz besuchen wir das Kurfürstliche Schloss. Der paradiesische Schlossgarten lädt zum Entspannen und Verweilen ein. Der Prachtbau aus dem französischen Frühklassizismus ist eines der letzten Residenzschlösser, das in Deutschland unmittelbar vor der Französischen Revolution gebaut wurde. Direkt am Rheinufer besichtigen wir dann das Preußische Regierungsgebäude. Es wurde vom Kaiser Wilhelm II. selbst geplant. Am Gebäude im Stil der Neoromanik nahm er eigenhändig Änderungen am

Nur wo du zu Fuß warst, bist du auch wirklich gewesen.

Johann Wolfgang von Goethe

Plan der Türme und Dächer vor, um an die Stauferzeit anzuknüpfen.
Auf den prachtvollen Rheinanlagen passieren wir das alte Pegelhaus, früher ein Rheinkran, flanieren vorbei an der Basilika St. Kastor und dem Kastorbrunnen bis zur Alten Burg Koblenz. Sie ist eine ehemalige kurfürstliche Wasserburg aus dem 13. Jahrhundert, die heute das Stadtarchiv beherbergt. Ganz in der Nähe finden wir das Theater Koblenz, den einzig erhaltenen klassizistischen Theaterbau am Mittelrhein. Auf unserem Weg zur Altstadt besichtigen wir den Münzplatz, das Rokokoportal des ehemaligen Dominikanerklosters und das Ensemble der Vier Türme. Der Name leitet sich von den an jedem Haus angebrachten, reich verzierten Erkern ab.
Am Rathaushof finden wir den Schängelbrunnen, das Wahrzeichen der Stadt. »Schängel« kommt aus der 20-jährigen Zugehörigkeit von Koblenz zu Frankreich. Damals trugen die deutsch-französischen Kinder oft den Namen Jean. Nach Koblenzer Mundart wurde aus »Jean« meist »Schang« und dann die

↗ Das Schloss Koblenz gehört zu den bedeutendsten Schlossbauten des französischen Frühklassizismus.
← Die Basilika St. Castor

Verniedlichung »Schängel«. Heute verstehen sich alle gebürtigen Koblenzer als Schängel und lieben den kleinen Kerl, der für Witz, Schlagfertigkeit und rheinische Lebensart steht. Am Görresplatz genießen wir dann den Blick auf die Historiensäule von einer der Bänke mitten auf dem Platz. Der Brunnen mit der ca. zehn Meter hohen Säule erzählt uns in zehn übereinandergereihten dreidimensional dargestellten Szenen die Geschichte der Stadt.

Info

Geeignet als Tagesausflug.

ANREISE

Ab Köln in 1,5 Std. ohne Umstieg direkt bis nach Koblenz.

UMGEBUNG

Ab Koblenz sind wir in 20 Min. in Bad Ems. Die kleine Stadt im Lahntal hat prächtige historische Gebäude, eine moderne Thermallandschaft, gemütliche Gassen und viel Natur zu bieten. Sie gehört zum UNESCO-Weltkulturerbe der »Great Spa Towns of Europe«. Der Lahnradweg ist der Klassiker in der Region zum Radfahren. Auf 245 km geht es auf relativ flacher Strecke von der Quelle bis zur Mündung der Lahn. Ein beliebter Rundwanderweg ist die »Vier-Türme-Tour«, die uns auf 16 km viermal hoch- und runterjagt und auf der wir rund 614 Höhenmeter überwinden. Die einzigartigen Aussichtspunkte entschädigen für alle Strapazen.

38 Externsteine im Tal der Wiembecke

Der Stoff, aus dem Legenden sind

Die sagenhaften Externsteine, die schon seit der Eiszeit im Teutoburger Wald stehen und bereits den Urmenschen bekannt waren, sind einfach Kult.

Die gewaltigen Kräfte driftender Kontinentalplatten falteten vor 60 Millionen Jahren Felsmassen auf. So entstanden die Alpen und zugleich auch die Kämme des Teutoburger Walds. Eingebettet in ein Naturschutzgebiet am Rande dieses Mittelgebirges bei Horn-Bad Meinberg, liegen die Externsteine. Wie gigantische Zacken ragen sie aus der Erde heraus und strecken sich dem Himmel entgegen. Die markante, sich rund 40 Meter erhebende Felsformation im Tal der Wiembecke zählt zu den bekanntesten Natur- und Kulturdenkmälern Deutschlands. Sie sind eines der imposantesten Naturmonumente und entstanden vor Millionen von Jahren, als die ursprünglich horizontalen Gesteinsschichten senkrecht aufbrachen. Ihre außergewöhnliche Form bekamen sie vermutlich durch gigantische Wassermassen, die sie in der Eiszeit umspülten. Aber bis heute sind noch nicht alle Fragen um die Kolosse aus Sandstein geklärt, sodass sich das bisherige Bild jederzeit wandeln kann.

Auf uns wirken die Steine eher wie außerirdisch, »nicht von dieser Welt«. Wir können gut verstehen, dass ihnen einige Menschen magische Kräfte zusprechen und sie der Stoff für zahlreiche Legenden sind. Betrachten wir die fünf Sandstein-Riesen genauer, stellen wir nämlich fest, dass sie die Menschen schon weitaus früher in ihren Bann gezogen hatten. Denn scheinbar war dieser Ort schon sehr früh eine Kultstätte.

↖ Die faszinierenden Externsteine sind mittelalterliche, sakrale Felsformationen.

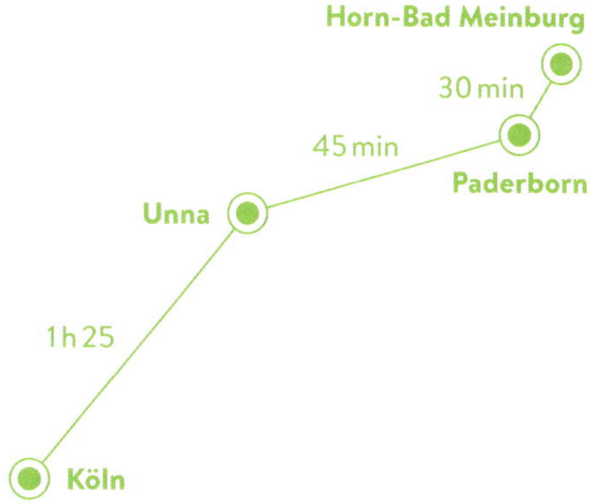

Kunst an den Steinen

Im Jahr 1093 wurden die Externsteine urkundlich an das Kloster in Paderborn eingetragen. Übrigens kommt der Name angeblich von den Elstern, die hier früher hier in großer Anzahl zu finden waren. 1115 weihte der Paderborner Bischof Heinrich II. die Kapelle ein, die im Felsen eingeschlagen ist. 1130 schufen die Mönche des Klosters ein Steinrelief, das die »Kreuzabnahme Christi« darstellt. Das monumentale Bildnis ist ein bedeutendes Kunstwerk der Spätromanik und war ein

Tipp

THEMENTOUREN

Der Natur- und UNESCO-Geopark TERRA.vita umfasst heute ein Wegenetz von über 4.000 km und ist einzigartig sowohl für Thementouren als auch als Fernradwege. An über 100 Naturdenkmälern und geologischen Phänomenen können wir mehr über die Geschichte unseres Planeten erfahren und ein Bewusstsein für den Umgang mit der Umwelt sowie den damit verbundenen globalen Herausforderungen entwickeln.

vielbesuchter Wallfahrtsort. Besonders faszinierend an den Externsteinen sind die von Menschenhand geschaffenen Anlagen, die Grotten, die Höhenkammer und das offene Nischengrab.
Auf einem der Sandsteine befindet sich ein kleinerer Stein, der optisch herunterzufallen droht. Angeblich soll er eine Schutzfunktion ausgeübt haben. Man wollte den Gegner praktisch mit dem Stein erschlagen, sobald er durch die Felsgruppe hindurch kam.
Bei unserem Spaziergang spiegeln sich die hoch in den Himmel ragenden Externsteine auf der Wasseroberfläche des direkt anliegenden Sees. Für uns ein außergewöhnlicher Anblick. Aber auch aus anderen Perspektiven und Blickwinkeln wirken die Externsteine immer wieder atemberaubend und einzigartig. Einen ganz besonderen Blick über den Teutoburger Wald haben wir von der Aussichtsplattform, die sich oben auf den Steinen befindet.
Wer es sportlicher mag, der wählt einen impressionsreichen Wanderweg rund um die Externsteine. Dabei starten wir dort die gut ausgeschilderte Tour in Horn-Bad Meinberg und erreichen bald den Unteren Teich. Nicht weit davon entfernt liegt der Obere Teich, an dem sich die Externsteine Richtung Himmel emporheben. Wer nicht an Höhenangst leidet, sollte die Felsformation unbedingt über die vielen Treppenstufen besteigen. Unsere Strecke verläuft dann über den Bärenstein bis zur Ruine Falkenburg, die bereits in der Gemarkung Detmold liegt. Sie eignet sich hervorragend für eine Pause mit Ausblick. Zurück geht's durch den Wald über den Falkenberg, bis wir wieder unseren Startpunkt erreichen. Für diese mittelschwere, 13 Kilometer

Die Mystik und Magie der Externsteine ist auf jedem Schritt zu spüren. Das ist ein ganz besonderer Ort!

Unbekannt

↗ Der Marktplatz in Horn-Bad Meinberg
← Die Externsteine scheinen nicht von dieser Welt zu sein!

lange Wanderung brauchen wir etwa 3,5 Stunden bei 330 Höhenmetern. Übrigens befindet sich mit dem »Yoga Vidya« in Horn-Bad Meinberg das größte Yoga-Zentrum Europas. Wer sich für Ruhe und Entschleunigung entscheidet, ist hier genau richtig. Zudem sind Horn-Bad Meinberg zwei staatlich anerkannte Kurorte und ein idealer Ausgangspunkt für Wanderungen auf das Wanderprojekt »Hermannshöhen«. Dieses verbindet die beiden bekannten Wanderwege im Teutoburger Wald: den Hermannsweg und den Eggeweg.

Info

Geeignet als Tagesausflug.

ANREISE

Ab Köln in 3,5 Std. mit zwei Umstiegen nach Horn-Bad Meinburg.

UMGEBUNG

Auf der Heimreise ist ein Abstecher in Paderborn zu empfehlen. Ein Rundgang durch die 1.200 Jahre alte Stadt ist zugleich ein Spaziergang durch Jahrhunderte. Einzigartig sind auch die rund 200 Quellen der Pader im Herzen der Innenstadt mit ihren 4 km Länge. Aber auch die Kaiserpfalz und der Quellkeller, der Paderborner Dom mit seiner 32 m langen und 12 m breiten Krypta sowie dem idyllischen Busdorfer Kreuzgang sind einen Besuch wert. Ein krasser Gegensatz zu all den Kirchen und historischen Gebäuden ist Paderborns feinste Streetart, die über die ganze Stadt verteilt ist.

AB KÖLN BIS TRIER

39 Trier, ehemals »zweites Rom«

Die Stadt mit einigen Superlativen

Hinterlassenschaften der Römer, barocke Schönheiten und ein umstrittenes Geschenk aus Fernost finden wir in der ältesten Stadt Deutschlands.

Vor mehr als 2.000 Jahren wurde Trier unter dem Namen »Augusta Treverorum« von den Römern erbaut. Günstig an der Mosel gelegen, entwickelte sich die um 17 v. Chr. gegründete Stadt zur schillernden Kaiserresidenz. Seinerzeit galt Trier als Roma Secunda, als zweites Rom. Und wenn wir heute durch die Trierer Innenstadt schlendern, können wir uns direkt vorstellen, wie die Römer damals in der antiken Metropole gelebt haben. So hinterließen sie außergewöhnliche und gut erhaltene Denkmäler: Neben dem Dom St. Peter und der Liebfrauenkirche wurden sechs Römerbauten und die Igeler Säule zum UNESCO-Weltkulturerbe ernannt. Das ist beachtlich, wenn man bedenkt, dass es insgesamt lediglich 46 UNESCO-Welterbestätten in Deutschland gibt. Zu den steinernen Denkmälern gesellt sich dann noch der Egbert-Kodex oder Codex Egberti, ein Weltdokumentenerbe. Das kostbare Buch, entstanden zwischen 977 und 993 unter dem Trierer Erzbischof Egbert, wird heute in der Schatzkammer der Stadtbibliothek aufbewahrt.

Um uns einen ersten Überblick zu verschaffen, gehen wir auf den Petrisberg. 2004 wurde das Gelände für die Landesgartenschau hergerichtet. Zu diesem Anlass schenkte Luxemburg der Stadt eine ungewöhnliche, begehbare Skulptur: den »Turm der Träume und Sehnsüchte«. Von hier haben wir einen grandiosen Blick auf Trier.

← Die Porta Nigra hieß früher auch Porta Martis.

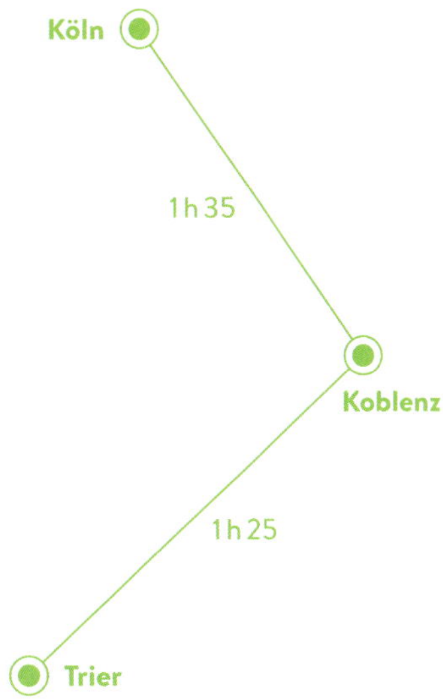

Mystischer Kreuzgang

Ein Besuch im beeindruckenden St.-Peter-Dom darf auf keinen Fall fehlen. Er ist die älteste Bischofskirche Deutschlands und bietet eine einzigartige Zeitreise durch die Epochen. Im Inneren legen wir den Kopf in den Nacken, um die barocke Stuckdecke in der Westapsis zu sehen. Direkt vor dem Eingang entdecken wir das Fragment einer römischen Granitsäule, die gern auch als Domstein bezeichnet wird. Wer rechts im Dom die Glastür öffnet und durch die zweite Tür tritt, gelangt an einen mystischen Ort, denn das Kirchenensemble ist durch einen gotischen Kreuzgang miteinander verbunden. Dort haben ehemalige Erzbischöfe ihre letzte Ruhestätte gefunden. Gleich daneben besichtigen wir die Liebfrauenkirche, die älteste gotische Kirche in Deutschland. Ihr Bau ist der Heiligen Maria, Mutter Jesu, gewidmet. Die wurde auch als »mystische Rose« bezeichnet, weshalb wir in der Kirche viele Rosenelemente finden. Wegen ihrer vielen Gotteshäuser nannte Goethe die Stadt bei seinem Besuch despektierlich »altes Pfaffennest«. Zwar machte Napoleon ein Dutzend Kirchen und Klöster dem Erdboden gleich. Dennoch stehen heute noch immer über 30 Kirchen in Trier. Dann geht's zum eigentlichen Wahrzeichen der Stadt: der Porta Nigra! Von außen gelangen wir kostenfrei direkt an die Fassade des römischen Stadttores. Für 4 Euro können wir uns auch das Innere ansehen und von oben einen atemberaubenden Ausblick auf die gesamte Innenstadt genießen. Übrigens bezeichnen die Einheimischen das Bauwerk auch gern als ihre »Pochta«.

Dann geht's zum Kurfürstlichen Palais, das unmittelbar neben der Konstantinbasilika entstanden ist. Ab dem 17. Jahrhundert diente der Palast als Sitz der Erzbischöfe. Heute ist er einer der schönsten Rokoko-Paläste der Welt. Der angrenzende Palaisgarten ist eine architektonische Besonderheit und kostenfrei zugänglich. Hier erwartet uns ein zauberhaftes Blumenparadies, ähnlich dem Stil der damaligen antiken römischen Gärten. Die Römerbrücke war die erste Brücke Deutschlands. Sie hatte bereits für die Römer eine große Bedeutung, da sie zentrale Straßen und Wasserwege miteinander verband. Und auch heute stellt sie einen sehr wichtigen Verkehrsknotenpunkt für Autos, Radfahrer und Fußgänger dar. Von

Einer der bekanntesten Söhne der Stadt ist Karl Marx. Er wurde 1818 in Trier geboren.

Unbekannt

Tipp

GLANZSTÜCK

Die Kirche St. Paulin ist ein sakrales Glanzstück. Hier entdecken wir hohe, leuchtend weiße Wände und den goldenen Hochaltar. Engel scheinen im Raum zu schweben. Das gewaltige Deckenfresko erzählt die Geschichte des Heiligen Paulinus und das Martyrium der Thebaischen Legion. Die Inneneinrichtung trägt die Handschrift des Baumeisters Balthasar Neumann.

↗ Der Wahlpalast liegt neben der Basilika und gilt als einer der schönsten Rokoko-Paläste der Welt.
← Trier ist voller Geschichte.

hier aus haben wir einen wunderbaren Blick entlang der Mosel. Einen gemütlichen Spaziergang über diese Pfahljochbrücke lassen wir uns nicht entgehen. Die Kaiserthermen wurden als Geschenk des Herrschers an das Volk erbaut, jedoch niemals fertiggestellt. Heute besichtigen wir deren Ruinen mit ihren interessanten und verwinkelten unterirdischen Gängen, die unter anderem als Abwassersystem dienten. Das Amphitheater, ein halbrundes Theater mit abfallenden Sitzreihen, ist ein für das antike Rom sehr typisches Bauwerk. Früher fanden hier Gladiatoren-, Tierkämpfe und öffentliche Spektakel statt.

Info

Geeignet als Tagesausflug oder Wochenendtrip.

ANREISE

Ab Köln in 3,5 Std. mit einem Umstieg in Trier.

UMGEBUNG

Eine atemberaubende, ca. 6 km lange Wanderung führt durch das Naturdenkmal Teufelsschlucht, vorbei an den Irreler Wasserfällen. Die Teufelsschlucht gehört zu den schönsten Naturschauspielen in der Eifel. Ein enger Pfad führt teils über Treppen und Bohlenwege durch steil aufsteigende Felsblöcke. Die eigentliche Schlucht ist in ca. 1 Std. durchwandert. Ausgangspunkt ist das Naturparkzentrum bei Irrel. Erreichbar per Bus in 50 Min.

40 Schieferbergwerk in Nuttlar

Grube Ostwig am Ufer der Ruhr

Wir tauchen ein in eine faszinierende Welt
unter der Erde aus einer längst vergangenen Zeit.
Authentisch, spannend und einzigartig!

Die Grube Ostwig ist ein historisches Schieferbergwerk am Ufer der Ruhr zwischen den Orten Ostwig und Nuttlar. Das besser unter dem Namen bekannte Schieferbergwerk Nuttlar ist anders und ziemlich einzigartig. Denn in dieses Bergwerk wird nicht nur »eingefahren« – wie die Bergleute sagen –, sondern wir tauchen hier auf verschiedenste Art und Weise in das Bergwerk ein.
Im Jahr 1878 begannen die Bergleute hier mit dem Vortrieb des ersten Stollens. Bis zu 200 Arbeiter waren zeitweise mit der Gewinnung und Verarbeitung von Dach- und Plattenschiefer beschäftigt. Aus vielen kleinen Schiefer-Tagebauen entstand 1867 die Schieferbau-Aktien-Gesellschaft, die 1878 den Vortrieb des Kaiser-Wilhelm-Stollens beschloss. In den folgenden 107 Betriebsjahren bis zur Stilllegung Ende 1985 entstand so ein riesiges Stollensystem auf mehreren Sohlen. Selbst in den letzten Jahren des Betriebes wurde der Schiefer noch so gebrochen, wie es die Bergleute vor über 100 Jahren gemacht haben. Jede Schieferplatte verließ den Berg bis zuletzt auf Loren, die allein mit der Muskelkraft der Kumpel ans Tageslicht befördert wurden.
Während unserer Führung suchen wir vergebens nach geschotterten Wegen, betonierten Stufen oder elektrischem Licht. Ausgerüstet mit Bergwerkshelm und Profi-Helmlampe, geht's in kleinen Gruppen über den Kaiser-Wilhelm-Stollen tief in den Berg hinein: vorbei an unterirdischen Seen, riesigen Hallen, die wie Kathedralen aussehen, über Schiefertreppen und durch schmale hohe Gänge hin zu den Förderstrecken, auf denen sich die Schienen kilometerweit durch den Berg winden. Bei der Einfahrt wird es plötzlich kalt und ziemlich dunkel. Jetzt sind unsere Stirnlampen die einzigen Lichtquellen …

Eine etwas andere Welt

Wie das wohl vor 200 Jahren war? Unter Tage hatten Bergleute nur sogenannte Karbidlampen, ein ziemlich kostbares Gut in diesen tiefen, finsteren Stollen. Im Licht unserer voll aufgeladenen Stirnlampen hingegen erkennen wir endlose, unbeschreiblich beeindruckende Mauern, die vor Jahrhunderten kunstvoll von Hand gestapelt wurden. Die atemberaubenden Eindrücke lassen uns immer wieder schaudern. Gott sei Dank müssen wir uns bewegen, d. h., mal auf allen vieren kriechen oder auch mal richtig klettern, sodass es uns dann auch etwas wärmer wird. Während der Führung erfahren wir viel über Schiefer, Schieferdächer und Schieferdachplatten und wir

Tipp

WEITBLICK

Bei unserer 8 km langen Wanderung Richtung Warstein im Arnsberger Wald entdecken wir den 35 m hohen Lörmecke-Turm. Nach 204 Stufen haben wir einen atemberaubenden Panoramablick vom Hochsauerland über den Haarstrang und die Westfälische Bucht bis hin zum Teutoburger Wald.

↖ **Tief unter der Erde gibt es einzigartige Einblicke.**

beobachten mit eigenen Augen, wie sie bearbeitet werden. Interessant sind auch die alten Überreste der Bergleute – aber keine Angst: nicht deren Gebeine! Sondern das, was sie damals benutzt und dann nach dem Aus der Grube einfach zurückgelassen haben. Wir entdecken beispielsweise eine alte Zeitung, Werkzeug oder Flaschen.

Abgetaucht im Bergwerk

Nach der Führung tauchen wir auch noch kulinarisch unter Tage ein. Wer möchte, kann ein leckeres Menü im Schein von Grubenlampen dazubuchen! Dabei werden wir mit einem Sektempfang, einer reichhaltigen Auswahl an Vorspeisen, einem Vier-Gänge-Menü und einem herrlichen Dessert verwöhnt.

> Glückauf, klingt nach vollbrachter Schicht, des Bergmanns Gruß, kehrt er zum Licht.
>
> **Bergmannspruch**

Ein einzigartiges Dinner-Highlight. Wer dagegen lieber die faszinierende Unterwasserwelt aus längst vergangenen Zeiten bestaunen möchte, der taucht in das »Bergwerktauchen« im Nuttlarer Schieferbau ein. Das Bergwerk ist kein klassisches Tauchrevier, aber mit einer

Länge von zwölf Kilometern und einer Tiefe zwischen 14 bis 38 Metern zählt es zu den 50 besten Tauchspots weltweit! Anfänger und Tauchlaien buchen am besten einen Schnupperkurs im offenen Bereich vom Nuttlarer Bergwerk. Fortgeschrittene, die einen Open-Water-Tauchschein besitzen, können sich komplett in dieses einzigartige Taucherlebnis stürzen.

Wer doch lieber oberhalb der Wasserkante bleiben möchte, der besucht eine Klangschalen-Meditation. Warm bekleidet und mit einer Decke unter dem Arm fahren wir dabei 140 Meter durch den Kaiser-Wilhelm-Stollen tief in den Berg

↑ Panoramablick vom Lörmecke Turm
↙ Die Grube Ostwig, auch bekannt als Alexanderstollen

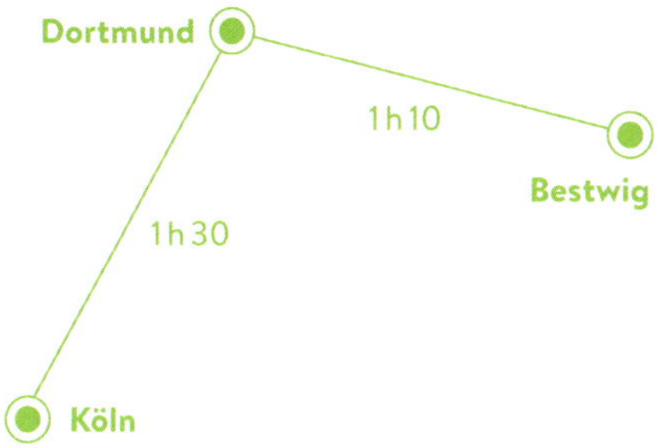

hinein zu einem ganz besonderen Ort. Die Bergleute nannten ihn die »Halle der Wale«. Bei 8° C und wohltuend feuchter Luft lassen wir die Mystik der spärlich beleuchteten Umgebung auf uns wirken und lauschen den reinen Tönen der Klangschalen bis weit in die Tiefe der Halle hinein.

Info

Geeignet als Tagesausflug oder langes Wochenende.

ANREISE

Ab Köln in 3 Std. und 15 Min. mit zwei Umstiegen nach Bestwig.

UMGEBUNG

Von Bestwig erreichen wir mit dem Bus in 1,5 Std. Warstein. Dort blicken wir hinter die Kulissen der bekannten Brauerei im Waldpark, einer der modernsten Braustätten Europas. Während unserer Führung erfahren wir mehr über die Ursprünge der Warsteiner Brauerei, der Marken und bewundern den ausgestellten Arrows-Rennwagen und Kunstwerke von Andy Warhol. Natürlich lassen wir uns die Produktverkostung nicht entgehen und lassen uns per Bahn über das Betriebsgelände – das 63 Fußballfelder groß ist – kutschieren. Unbedingt vorher buchen!

Zugfahren mit Kindern

Vorbereitungen

Eine Reise per Bahn ist bequem, spannend und ökologisch wertvoll. Damit eine Reise mit Kids auch gut klappt, gibt es hier ein paar wichtige Tipps:

Sitzplätze reservieren

Für einige Regionalzüge in Bayern, Rheinland-Pfalz, dem Saarland und Schleswig-Holstein kann man Sitzplätze reservieren. Mit Babys solltet man Plätze in einem Abteil, am besten im legendären Kleinkindabteil, sichern. Mit etwas Glück (das hängt vom Zugtyp ab) gibt es sogar Spielgeräte, damit sich die Kinder ein wenig bewegen können. Mit älteren Kindern ist man besser in einem normalen Abteil oder auch im Großraumwagen mit Tisch aufgehoben. Hier kann man bequemer spielen, malen und essen. Auf sehr langen Fahrten empfiehlt sich wiederum ein Abteil, da sich kein Kind mehr als fünf Stunden leise und brav verhalten kann. Falls nicht alle Plätze besetzt sind, kann man dann auch mal die Beine hochlegen oder ein Schläfchen einzulegen.

Hände freihalten für kleine Kinder

Beim Ein- und Aussteigen über steile Treppen oder im dichten Gedränge brauchen kleinere Kinder oft helfende oder führende Hände. Am besten bereitet man sich so vor, dass man für jedes mitreisende Kind mindestens eine Hand frei hat, während man ein- und aussteigt. Das bedeutet auch: sparsam packen und am besten einen Rucksack verwenden, der beide Hände frei lässt.

Ausstieg oder Umstieg

Wichtig: Kinder nie zuletzt ein- oder aussteigen lassen! Wenn man Kinder, Koffer und Kinderwagen nacheinander in oder aus dem Zug hebt und kein helfender Partner mitfährt, sollte man nach Möglichkeit andere Passagiere oder Bahnpersonal (siehe oben) um Unterstützung bitten. Ist niemand in der Nähe, achtet man darauf, dass man immer beim Kind im Waggon oder draußen auf dem Bahnsteig bleibt. Am besten ein Bein in die Zugtür stellen, das verhindert, dass die sich plötzlich schließt. Unter 030 65212888 kann man den kostenlosen Mobilitätsservice der Bahn buchen (Vorlauf beachten!).

Umsteigezeiten

Grundsätzlich gibt es viele Abfahrtszeiten. Wichtig ist nur, Umsteigeverbindungen zu buchen, in denen man genügend Puffer zum Anschlusszug hat. Das heißt, dass man mit Kindern ausreichend Zeit zum Umstieg hat. Aber man sollte stets mit Verspätungen oder Ausfällen rechnen.

Nur faltbare Buggys mitnehmen

So praktisch, wie ein Buggy beim Reisen ist (man kann Kleinkram verstauen, Tüten und Jacken dranhängen und ein zappelndes oder schlafendes Kind hineinsetzen), so unpraktisch ist er, sobald man in einen Zug steigen möchte. Deswegen sollte man unbedingt vor einer Zugreise überlegen, ob der fahrbare Untersatz vor Ort benötigt wird oder ob man ihn auch ausleihen kann.

Genug Verpflegung mitnehmen

Eine Zugfahrt kann lange dauern. Ein guter Vorrat an leckeren und gesunden Snacks lässt eine lange Zugfahrt viel kürzer erscheinen. Anders als im Auto oder Flugzeug ist das Essen am kleinen Tisch im Zug recht komfortabel.

Spiele und Beschäftigung vorbereiten

Genauso wichtig wie genügend Verpflegung ist ausreichend Beschäftigung. Am besten sorgt man vor und nimmt eine großzügige Anzahl an Spielideen, Hörspielen, Büchern und Zeitschriften mit.

Krabbelkinder richtig ausstatten

Falls man keinen Platz in dem mit Teppich ausgelegten Kleinkindabteil bekommen hat, kann man eine robuste Decke mitnehmen, deren Unterseite schmutzig werden kann. So macht man aus dem Boden des Abteils oder der Sitzgruppe eine Spielwiese.

puma
Jeder Mensch ist einzigartig
5a
Kiel Hbf
6a
Padborg
D
D
VISIONS
SH-Expre

Um von A nach B zu kommen,
muss man schonmal ein wenig Wartezeit
am Bahnhof auf sich nehmen.

Register

Bildnachweis

Lisa und Dr. Wilfried Bahnmüller: 4, 5l., 5r., 6, 7, 19, 20, 22, 25, 27, 35, 40, 42, 47, 48, 50, 55, 58, 59, 66, 69, 73, 77, 79, 80, 82, 86, 104, 106, 107, 108, 110, 112, 116, 118, 119, 120, 121, 130, 134, 136, 138, 139, 142, 143, 145, 150, 155, 156, 157, 158, 160, 161, 163, 164, 167, 168, 170, 171, 176, 178, 179;
Shutterstock: 10 (ON-Photography Germany), 12/13 (foto-select), 14 (Christian Horz), 16 (Wirestock Creators), 17 (Jacob.OFC), 24 (LianeM), 28 (ricok), 29 (EWY Media), 30 (DR pics), 36 u., 76, 132, 175 (Sina Ettmer Photography), 37 (PICTOR PICTURES), 38 (Rudy Balasko), 39 (Nyokki), 43 (CarolineToeppeFotografie), 53 (mekcar), 56 (canadastock), 60, 75 (Ina Meer Sommer), 65 (Juergen Wackenhut), 68 (Jiri Viehmann), 70 (Harald Lueder), 72 (P Gregory), 81 (imageBROKER.com), 83 (DaLiu), 84, 87 (H-AB Photography), 85 (torstengrieger), 89, 90 (Sergii Figurnyi), 91 (Anton_Ivanov), 92 (Wolfgang Zwanzger), 102 (Firn), 105 (Jung Hsuan), 111 (Simon Dux Media), 113 (firn), 115 (Boris Stroujko), 123 (mapman), 126, 148 (trabantos), 135, 149 (saiko3p), 141 (Viacheslav Lopatin), 144 (Mario Krpan), 146 (engel.ac), 151 (Sepp photography), 152 (Pajor Pawel), 159 (phaustov), 166 (KK imaging), 180 (kurt storms photography), 183 (framedventures); , 191 (Thornova Photography)
Look photos: 2 (Sußbauer, Franz), 8/9, 93 (Olesinski, Christoph), 31, 63 (Lubenow, Sabine), 32 (Schulz, Stephan), 45 (robertharding), 46 (Thoermer, Val), 52 (Johaentges, Karl), 57 (Mueringer, Christian), 64 (Meinhardt, Olaf), 94 (Strauß, Andreas), 95 (olafprotze), 96 (Achtelik, Norbert), 97 (Fleisher, Elan), 98/99 (ClickAlps), 101 (Merz, Brigitte), 103 (cityfoto24), 124, 127 (Daniel Schoenen Fotografie), 129 (Steude, Sebastian), 131 (Stankiewicz, Thomas), 172 (Ellerhorst, Axel), 174 (Jalag / Borges, Darshana), 184 (van Dierendonck, Bernard), 186 (Zielske, H.& D.);
Mauritius images: 36 o. (Hans-Peter Merten), 51 (EyeEm / Val Thoermer), 61 (Klaus Neuner);
Andere: 182 (Wikimedia/Stefan Didam).

Wir wünschen Ihnen eine gute Fahrt
und wunderbare Reisen!

Impressum

Verantwortlich: Maren Langendorff
Layout- und Reihengestaltung: Mathias Frisch
Covergestaltung: Regina Degenkolbe
Lektorat & Satz: Buch&media GmbH, München
Repro: LUDWIG:media
Kartografie: Nina Andritzky
Herstellung: Alexander Knoll
Printed in Slovenia by Florjancic

★★★★★

Sind Sie mit diesem Titel zufrieden? Dann freuen wir uns über Ihre Weiterempfehlung.
Erzählen Sie es im Freundeskreis, berichten Sie Ihrem Buchhändler, oder bewerten Sie bei Onlinekauf. Und wenn Sie Kritik, Korrekturen, Aktualisierungen haben, freuen wir uns über Ihre Nachricht an Bruckmann Verlag, Postfach 40 02 09, D-80702 München oder per E-Mail an lektorat@verlagshaus.de.

Unser komplettes Programm finden Sie unter www.bruckmann.de

Alle Angaben dieses Werkes wurden von der Autorin sorgfältig recherchiert und auf den neuesten Stand gebracht sowie vom Verlag geprüft. Für die Richtigkeit der Angaben kann jedoch keine Haftung übernommen werden, weshalb die Nutzung auf eigene Gefahr erfolgt. Insbesondere bei GPS-Daten können Abweichungen nicht ausgeschlossen werden. Sollte dieses Werk Links auf Webseiten Dritter enthalten, so machen wir uns die Inhalte nicht zu eigen und übernehmen für die Inhalte keine Haftung.

In diesem Buch wird aus Gründen der besseren Lesbarkeit das generische Maskulinum verwendet. Weibliche und anderweitige Geschlechteridentitäten werden dabei ausdrücklich mitgemeint, soweit es für die Aussage erforderlich ist.

Empfehlung der Redaktion: Sie sind auf der Suche nach weiterführender Literatur? Dann empfehlen wir Ihnen den Titel »Deutschland mit dem Zug entdecken« von Korbinian Fleischer.

Umschlagvorderseite: Deutschlands Schienennetz ist weitläufig (shutterstock / YesPhotographers);), Umschlagrückseite: Münchener Alpenpanorama (links, shutterstock / engel.ac), Binnenalster in Hamburg (rechts, shutterstock / S.Borisov).

Die Deutsche Nationalbibliothek verzeichnet diese Publikation in der Deutschen Nationalbibliografie; detaillierte bibliografische Daten sind im Internet über http://dnb.d-nb.de abrufbar.

5., durchgesehene Auflage 2025

ISBN: 978-3-7343-2868-8